中国大富豪残酷物語

合い言葉は
「それなら日本に移住しようぜ」

Chinese Billionaire Elegy

宮崎正弘
Masahiro Miyazaki

ビジネス社

本書に登場する中国人大富豪の面々

ユニツリーの
王星星

アリババの
馬雲

ディープシークの
梁文鋒

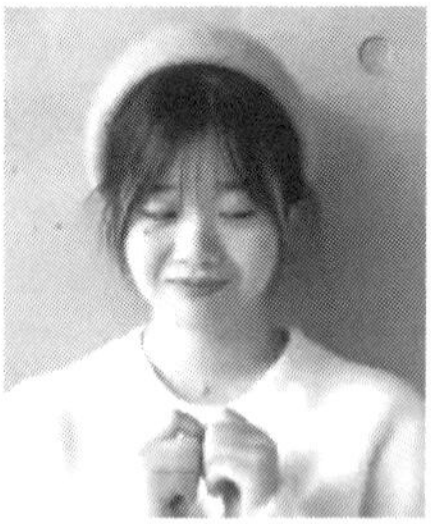

"AI女神"の
羅福莉

DJIの
汪滔

バイトダンスの
張一鳴

テンセントの
馬化騰

農夫山泉の
鍾睒睒

BYDの
王傳福

プロローグ　「中国のイーロン・マスク」、「中国のビル・ゲイツ」は誰々か

「中国のアルトマン」は昨日まで無名、40歳のコンピュータオタク

突如、世界市場を攪乱《かくらん》したスーパースターは梁文鋒《りょうぶんほう》という40歳の中国の若者。グーグルやメタが数千億ドルかけて開発した生成AI、チャットGPTに並ぶ「ディープシーク」(深度求索)を少額投資と短日裡《たんじつり》に完成をもってAI業界に殴り込みをかけた。

習近平国家主席は梁を「英雄」と讃《たた》えた。

ビックリ仰天の世界。ウォール街で既存のIT関連株は急落し、とくに生成AI、チャットGPTのブームに乗って大躍進を遂げていたエヌビディア(NVIDIA)の株価は16%の暴落、時価総額で85兆円が〝蒸発〟した。

生成AIで世界をリードしてきたのが「オープンAI」のサム・アルトマンだ。

そのへんを歩いている学生のような風体、顔に皺《しわ》がない。まだ40歳。アルトマンは日本

にも数回足を運び官邸でいきなり首相と面談したり慶應大学での講演会は超満員。この突発的な業界再編ドラマが進行するなかで、特殊なGPU（画像処理半導体）をほぼ独占的に供給できるのがエヌビディアだった。

ツイッターを買収してXとし、いまやトランプ政権で政府効率化に辣腕《らつわん》をふるうイーロン・マスクは、世界一の大富豪である（個人資産30兆円）。しかもマスクはまだ余裕があって「オープンAIを974億ドルで、買収してやろうか」と発言し、アルトマンは「ノーサンキュウ」と掛け合い漫才。

米国長者番付2位グループはグーグルのジェフ・ベゾス、METAのマーク・ザッカーバーグ、マイクロソフトのビル・ゲイツらである。古典的な投資で安定しているのは世界最大の投資グループ「バークシャー・ハサウェイ」を率いるウォーレン・バフェットだ。

さて中国の新興財閥に、こうした米国人大富豪のビジネスモデルを模倣し、大富豪となった起業家たちが、いるわ、いるわ、いるわ！

アマゾンの商法を模倣したのがアリババの馬雲（ジャック・マー）だった。グーグルに似た検索サイトは「百度《バイドウ》」。

「ファンタスティック・フォー」（中国新興企業創業者四天王）とは、中国人の若者起業家で大成功を収めた新人たちである。日本では若者の起業家が少ないし、投資するベンチャーキャピタルとなると、もっとすくないから日中文化比較の研究対象でもある。

浙江省《せっこう》の杭州を拠点にＡＩ業界に衝撃を運んだディープシークの梁文鋒、ユニツリー（ロボット）創業者の王星星《おうせいせい》、ＴｉｋＴｏｋの親会社バイトダンス創業者の張一鳴《ちょういちめい》、そしてドローン世界一となったＤＪＩの汪滔《おうとう》（45歳）だ。この４人の新興成金たちがファーウェイ、テンセント、アリババ、百度などと並ぶ新世代中国起業家で、強力なテクノロジー大国に中国を押し上げたビジネスヒーローとして称賛されている。彼らの目標はイーロン・マスクであり、ザッカーバーグである。

ディープシークの梁文鋒は40歳、ユニツリー（寧樹科技）ＣＥＯの王星星は35歳。この２月に北京人民大会堂で開催されて座談会でファーウェイなど並みいる中国ビリオネアに並んで習近平国家主席に招待された。中国共産党が、こうした若者を推奨していることになる。

ディープシークはオープン型ＡＩモデルＲ１をリリースしたが２０００個以上のエヌビディアのＧＰＵを使用し、５６０万ドルという安価な投資額で構築されたため世界に衝撃を与えた。そのＨ８００はシンガポールからの迂回《うかい》輸出で、中国のダミー会社は先頃手入れを受けた。ディープシークの開発チームには『ＡＩ女神』と呼ばれる羅福莉《ロフォリー》（北京大学で天才といわれた才媛）がいる。これら純粋な中国人の研究者を育んだのがカリフォルニア

米国「マグニフィシェント・セブン」と
中国「セブン・タイタンズ」時価総額比較

米国		中国	
アップル	465兆円	テンセント	89兆円
エヌビディア	417兆円	アリババ	48兆円
マイクロソフト	416兆円	小米(ショオメイ)	25兆円
アマゾン	304兆円	BYD	21兆円
アルファベット	295兆円	網易(ネットイース)	10兆円
META	221兆円	JDドット(京東集団)	10兆円
テスラ	114兆円	SMIC(中芯国際)	9兆円

(2025年3月14日時点　出典クイックなど)

大学から帰国した朱松純《ジュウソンチュン》。この朱はカリフォルニア大時代にペンタゴンからふんだんな助成金をもらってＡＩを研究し、帰国した。習近平の「千人計画」に応じて中国へ帰るや『ＡＩ研究の基礎づくり』を提唱してきた人物で、なんのことはない。アメリカが中国の躍進に手を貸したのである。

ユニツリーは２０１６年に設立された新興企業で杭州が拠点だ。世界初の四足歩行ロボットとヒューマノイドロボットの商業化に成功した。バイトダンスは全米で使用禁止、あるいは米社に売却かで話題を呼んだＴｉｋＴｏｋを傘下に急発展した。トランプ政権は、このＴｉｋＴｏｋを米企業とするため政府ファンドを設立し50%出資をめざしている。杭州が本丸の新興企業は他にダンスサイエンス(遊戯科技)、プレインコ(強能科技)、メニーコア(群核科技)、ディープ・ロボティクス(雲深処科技)があり、いずれもが杭州を拠点とするので、ディープシーク、ユニツリーに加えた「杭州六小龍《ろくしょうりゅう》」とも呼称される。いま中国全土の若者の関心を集めている。ただし前者の4つはまだ海のものとも山のものともつかないので本書では詳細を除く。

市場が注目する中国のセブン・タイタンズ(別表)は米国のマグニフィシェント・セブンと比較されるようになった。中国新興企業が著しく飛躍しているのである。

こうした比較で富豪列伝をつづるとすれば、「中国のビル・ゲイツ」「中国のイーロン・マスク」「中国のザッカーバーグ」「中国のベゾス」は誰々なのか。

そして中国富豪たちの人生を振り返り西側の成功者、起業家(そのなかには米国人ばかりかインド人もロシア人も、そしてユダヤ人がおびただしい)と、どこがどのように違うのかを探るのが本書の目的である。西側の企業家と中国人の新興財閥が異なる点は究極的にサクセス・ストーリーとなることは稀で、結末は悲しい。

チャイニーズ・ビリオネア・エレジーと本書が比喩《ひゆ》する所以《ゆえん》である。

第二章 赤い資本家たち

第四章 ニューフェイスのビリオネアたちとグローバリズム

第五章 全体主義の資本市場で生き延びる中国人の富豪たち

第六章 ＡＩの時代とは詐欺の時代

第七章 中国人大富豪の合い言葉「それなら、日本に移住しようぜ」

第八章 世界が中国に背を向けた

第一章

中国人は現世だけを信じ、神を信じない刹那主義者

即物主義、無神論、現世《うつしよ》しか信じない

中国の役人は「賄賂賄賂賄賂賄賂賄賂……」（林悟堂）

政治は「革命、革革命、革革革命、革革革革命……」（孫文）

そして新興財閥は「杜子春《とししゅん》　杜子春　杜子春……」（杜子春は3度大金持ちになるが豪遊散財して没落。周囲から友人も消えたという、中国の逸話を題材とした芥川龍之介の小説）

ならば庶民はといえば「上に政策あれば、下に対策あり」が人生のモットーである。

中国の社会構造は歪《いび》つで醜悪で野望と絶望の混沌《こんとん》（カオス）。中国というワンダーランドは日本人の常識を超えた〝魔境〟である。

中国人の人生訓は「欺《だま》されるほうが悪い」「来世はない」という刹那《せつな》主義だから「一所懸命」という人生観を描くことはない。中国人には「『悪いか』『もっと悪いか』」の二択しかない。

神を信じる人が少ない。中国人は、現世《うつしよ》しか信じない。欧米やインド、中東諸国などと、この差違は決定的である。なにしろ信仰心があるかどうか分からないトランプ大統領が、あろうことか、ホワイトハウスに宗教担当官を設置している。このポストに就いたのは女

性伝道師ポーラ・ホワイトだ。彼女はキリスト教福音派の牧師で第一次トランプ政権発足の際には女性聖職者として初めて就任式で祈禱《きとう》し、大統領の宗教顧問を務めた。プーチンはロシア正教の総主教とともに祈り、モディ首相はヒンズー教徒として礼拝を欠かさない。だが、習近平は寺院に出向かず孔子廟《こうしびょう》にも祈禱には行かない。

したがって中国人の人生観は視野狭窄《きょうさく》、短期決戦型となる。日本の金剛組は1400年つづく老舗《しにせ》企業である。300年つづく日本企業はかるく1000社を超えるが中国で150年つづく企業は5社しかない。

「大学は出たけれど」。2024年の中国の大学新卒は1179万人だった。半分しか職はなかった。一時しのぎのウーバーとアリババの配達がおよそ1000万人！　中国国家統計局が2024年9月12日に発表した若者（16歳〜24歳）の失業率は15・7％だった。これは公式の数字で、GDP三割水増しが常識の中国で〝本当の数字〟は、データ発表の2倍と考えればよい。事実上の失業率は32％か、それ以上だろう。

〝金の卵〟のはずの大学新卒に職がないのだ。そのうえアリババ、テンセントなどハイテク企業が大量のレイオフを実行している。2025年のGDP成長は4・4％の予測だが、誰も信じていない。

現在の中国の若者は恵まれた環境で育ったためモラトリアムの続きを求めて海外留学か、

大学院を選択する。裕福な家庭の子弟の話だ。そこで大学院生が新入学生数より多いという珍現象が北京大学、清華大学、復旦《ふったん》大学などの名門校で起きている。そのうち学部学生数と大学院生の数が並ぶかもしれない。裕福でない学生たちは、バブル時代に8000元(16万円)まで跳ね上がった初任給が3000元(6万円)となって女工さん並みに。しかし他に職がないから仕方なく応募するか、それとも暫時《ざんじ》ウーバーかアリババの配達で糊口《ここう》をしのぐことになる。日本は大学新卒の初任給が30万円となった。

就労条件としてアンケートで理由を訊ねると、「倒産しない」「高給」「残業がない」。つまり公務員が一番人気だ。日本と同様に職に生きがいを見出すという人生観は希薄、あの活力にあふれていた中国人の若者たちがハングリー精神を稀釈《きしゃく》化させたのだ。

雲南宝山《うんなんほうざん》大学で学生寮の雑用係を募集したところ採用した3人が修士だった。天津師範大学の警備員も修士だった。南京航空大学で雑用係は物理学修士だった。

こういう悲惨な現実を前に、大学へ行っても意味がないと考える若者が一方で増えるのは当然だろう。他方、せっかく習得したのだからと技術を活かして詐欺にはしるコンピュータ学生が顕著に増加している。彼らが一様に憧れるスーパースターは世界一の金持ち、イーロン・マスクである。

大学を出て普通の学生ならば、大学ローンとクレジットカードの借金を返す人生になる。

まじめに生きるのが嫌になったら、別の人生に賭ける。

10代の女性は「ストリート・ガールフレンズ」に進出した。日本の新宿歌舞伎町の「トー横キッズ」は、12歳の中学生もいて、世界に報道されたが、その後追いか？　なにしろ若い女性の職は限られている。女工さんを必要としたアパレル、雑貨、スポーツシューズなどの企業はベトナムやバングラデシュに移転した。

「ハグは1元（20円）、キスは10元、一緒にカラオケへ行くのは40元。〝一日恋人〟なら600元（セックスは含まない）」。こんなプラカードを持った「少女」たちが中国の都会の繁華街で目撃された。深圳《しんせん》ではおびただしい女性たちの現場写真が出回って社会問題化した。「人類最古のビジネス」も中国全土で盛業中、旅行者には分からないが、〝そういう地域〟がどこにでもある。裏路地に「小休憩」「小影」などの張り紙や桃色のネオンがあると、だいたい見当がつく。

カラオケに陪席する女性たちにも「相場」があり、日本人が頻繁にひっかかる「ハニートラップ」は高給スナックやナイトクラブ、とりわけ日本語が通じる女性に手を出すと、あとが大変である。もちろん、日本に帰化したい女性は男性客との結婚が最短コースだ。日本の地方都市や農村へ行くと中国人妻はそこかしこにいる。その子供たちは大概が中国語をしゃべらない。母親は日本に帰化したときから中国を捨てている。

「中国国家統計局が発表するGDPは3割水増しが常識」（水増しは中国語では「灌水《かんすい》」という）と筆者はこれまでにも随所で指摘してきた。シカゴ大学のルイス・マルティネス教授は夜間光量を米国海洋大気庁の衛星データを元に調べ上げ、「中国のGDPは4割水増しだ」と発表した。

李克強《りこくきょう》前首相はれっきとした経済学博士だった。

米国大使との会見で「電力消費量と鉄道輸送量を重視し、公式発表のGDPは信用に値しない」としゃあしゃあと言っていた。

当局がひた隠しした不動産バブル崩壊も建設現場にクレーンが置き去りにされ、労働者がいなくなったので、経済の惨状は国民に知れ渡っている。国家発展開発センターのあるエコノミストは不動産バブルを処理し、経済を立て直すには1兆4200億ドル（210兆円＝日本の国家予算の2倍）が必要だと試算した。5万キロにおよぶ中国新幹線の累積赤字は160兆円、南シナ海の岩礁を埋め立てて7つの人工島をつくり軍事基地を造成したが水没の危機に直面している。建設費と維持費がしめて210兆円。世界各地で頓挫《とんざ》しつつある一帯一路に投下し、不良債権となりつつある投資がおよそ1000兆円である。

中国経済の未来は明るいと予測するエコノミストには現実を見る眼力がないのだろう。

銀行の幹部が連続辞任の謎

中国の金融界に異変が起きている。

地震の予知能力があるネズミやモグラが地表にどっと出るような異変なのである。北京中央は国内金融業界への取り締まりを強化したところ銀行や企業の幹部たちが相次いで辞任した。その数は1000名を超える。いずれも「個人的な理由」で辞任したとか。2024年8月末に劉錦《りゅうきん》（中国銀行副会長兼総裁）が突然辞任した。

これが異常事態の発端となった。〝辞任ブーム〟には銀行、保険会社、証券会社、国有企業の会長、総裁、副総裁、上級幹部が含まれている。

中央紀律検査委員会は金融界で67人の高官を調査し、懲戒、党籍剥奪《はくだつ》のリストを作成した。財務官僚の高官たちは中国共産党体制の内情に詳しく、彼らの辞任は経済に対する信頼低下と政治リスクの高まりを示している。というのも個人的理由などでは辞任できず、中国共産党の承認が必要、つまり辞任を申し出ても党が許可していない状態が続いていたのだ。中国の中央銀行は中国人民銀行。4つの大手（中国銀行、中国工商銀行、中国建設銀行、中国農業銀行）は国有、地方銀行も準国有銀行で上海浦東発展銀行など「民間銀行」のイメージがある金融機関もほぼ準国有で共産党から派遣された政治委員がいる。

彼らは金融システムの欠陥、本当の不良債権の数字、そして改竄《かいざん》された会計報告書、出鱈目《でたらめ》な監査報告書に精通しており、中国共産党は彼らがこの秘密を持ち逃げする可能性が高いと警戒していた。

証券会社のなかには行員にパスポートの提出を要求し、海外渡航を露骨に制限している。機密書類が海外に持ち出されるのを防御する目的がある。中国共産党が金融部門で「反腐敗」の取り組みを強化したが、金融犯罪でもっとも重い刑罰を受けた1人は、招商銀行元頭取の田恵宇《でんけいう》で24年2月に収賄とインサイダー取引の罪で執行猶予付きの死刑判決を受け、党からも追放され、すべての個人財産を没収された。

同年7月には海通証券の元副総経理が中国から逃亡した。1カ月後、彼は海外で拘束され、中国に強制送還された。中国経済の中心的な柱である金融システムは長年にわたり、天文学的な国内債務、不動産バブル、シャドーバンキング、返済危機に悩まされてきた。中国のバブル崩壊は人類史が経験したことがない未曾有の悲劇になるだろう。

奇怪な現象が日本に連鎖している。

昨今、日本国内で「現金で即買い取ります」「古くても傷物でも買い取ります」と連日の宣伝がある。ほとんど毎日、新聞にチラシが入る。有名なタレントを使って、「売る」のではなく「売ってほしい」と逆商法なのである。「ロレックス高値買います」、「ルイヴィトン、傷があっても大丈夫」。現実に40年前に60万円で買ったロレックスが300万円で売れたという知人がいる。換物投機の需要は国外からきている。ずばり中国人が買っているのだ。古いフィルムカメラも底堅く売れている。骨董品《こっとうひん》投機だ。

都内の億ションのまとめ買い。拙宅の近くに新築の億ションが建ったが、ワンフロアはまるまる人気《ひとけ》がない。ところが「完売」の由。北海道でも農地、水源地から別荘地などをまとめ買い。25年3月に発表された全国の地価は上昇していたことが明らかになった。

決済をどうしているのか？

ヤミ金融の暗躍こそ中国経済の最大の謎である。海外への送金は審査が厳しく海外旅行は1人5万ドルの制限がある。どうやって億ションを現金で買えるのだろう？　ゴールドが史上空前の1オンス3000ドル台（2025年3月19日には3050ドル）をつけても金爆買いを続けているのは中国である。ブラジル、ロシア、インドの中央銀行も金備蓄を増やした。

闇からぬっと顔を出すのが地下銀行（地下銭荘）である。シャドーバンキングの王者「中植企業集団」は倒産した。一時流行したP2P（個人がネットで知り合っての金の貸し借り）

は廃れた。

マネロンの新顔こそビットコインに代表される暗号通貨である。

日本で投資する人はまだ100万人ほどだが、暗号通貨革命が世界的に同時進行している（これまで「仮想通貨」とメディアは呼称してきたが日本政府は公式的に『暗号資産（仮想通貨）』と呼び変えた）。

服に隠し持ったり、旅行ケースを二重底にする必要はない。ボタン一つで巨額が国境を超えて瞬時に移動する。こうなると闇の世界から〝経済ヤクザ〟が絡んでくるのは必定。

日本でもチャイナタウンに地下銀行ネットワークがあるが、もっとも巨大なネットワークが米国で張り巡らされている。一説に地下銀行の手数料は8％から12％に跳ね上がっている。

マカオの地下銀行は「換銭党」（広東語）と表現し、非合法両替である。禁止理由は、博《ば》打《く》資《ち》金が「海外流失」につながるからだ。マカオのカジノは博打場というより海外への資金洗浄メカニズムの機能がある（カジノ・トークンはマカオとラスベガスで共通だったから持ち出しは簡単だった）。

一方でSNS（ソーシャル・ネットワーキング・サービス）という新しい情報空間では、あの手この手の詐欺が横行している。中国人グループがラオス、カンボジア、ミャンマーの根城から発信し、「オレオレ詐欺」、「なりすまし詐欺」の被害は日本だけではなく、本場は中国である。高給募集につられて闇に巻き込まれた邦人も多い。くわえて中国のヤクザは拉致誘拐《らちゆうかい》の身代金を暗号通貨で支払わせる。

中国の「真実」って何だ？

いったい中国で何が起きているのか。

中国人はなぜ、このような綱渡りのような、あるいは奇想天外な投資行動を取るのか？

中国が経済延命の柱としたEVも鮮明に終焉《しゅうえん》が見えた。経済新聞はあぶくのような表層しか伝えないが、EVの未来は暗い展望しか描けない。トランプ大統領はEV強制をやめると宣言し、人気はハイブリッド車に戻った。日本で中国製EVの王者「BYD」は2００台程度しか売れていない。中国はまともなエンジンをつくれない（ジェット戦闘機のエンジンも含めて）。AI論文や特許申請で中国が米国を猛追しているというが、特許はとれても実用化するノウハウがない。

中国が国を挙げてEVに走ったのは内燃機関のガソリン車より部品が少なくて済むからだ。タイミング的には西側の愚かな政治家が「地球温暖化」とか、「脱炭素」などと寝言を言っている雰囲気にうまく乗っかった。そのうえ開発にも購買にも政府の膨大な補助金がつき、ＥＶメーカーには特例の税金還付もあるので怒濤《どとう》のように数万社がＥＶ製造に参入し、業界に犇《ひし》めいた。

部品メーカーやリチウム電池工場に異業種からの参入も多く、不動産開発の恒大《こうだい》集団までが「恒ＥＶ」（恒馳５）なんて電気自動車メーカー「恒大汽車」（中国の「汽車」は自動車の意味）をホントに工場を建て株式上場までして生産し、23年末までに１７００台売れたところで倒産した。地方政府は補助金返還を命令した。また中国証券当局は巨額の売り上げを水増しした債券を起債したとし罰金処分を科した。

スマホや通信基地局のファーウェイ（華為技術）もＥＶのアプリ提携に乗り出した。結局、補助金目当てにＥＶ生産に名乗りをあげたのは2万５０００社に達し、２０２４年10月時点で生き残りが１０００社、いずれ十数社に淘汰《とうた》されるだろう。それを見越して中国の自動車大手、東方汽車と第一汽車は経営統合に踏み切る。

日本でもテレビ宣伝で大攻勢をかけているＢＹＤは3年ほど前から世界市場を狙って安値攻勢、23年の中国国内販売では小米ＥＶとともにテスラを抜いた。ところがＥＶ生産に名乗りを上げた企業の30％がすでに赤字、損失は年間3兆円。行政部門は党の命令で仕方なくＢＹＤ、もしくは中国製ＥＶを買うが、個人使用はレクサスか、ＢＭＷだ。

ついでだが中国市場では、テスラが前月比51・5%の販売急減、2025年2月の販売実績は3万688台に留まった。前年比でも49・2%減。これまでの月間最低販売数は2022年7月の2万8217台だった。テスラは中国ばかりか欧州でも販売が急減し40%も落ち込んでいる。欧州全体に吹き荒れる「反トランプ」という政治的空気に押され、全米ではテスラ販売店がおそわれた。

中国がBYDを強く推奨し、トランプの高関税に対抗しようとする空気が強く、折から開催された全人代で「『2025中国製造』の目標がほぼ達成された」などと豪語しはじめている。げんにトヨタが中国で200万円台の廉価版EVを発売し、捲土重来《けんどちょうらい》を期すとか。日本勢はEV市場に出遅れ感が強いが、米国はトランプの一声でEV強制をやめることになりハイブリッドの需要が強まる。

ちなみにテスラの日本での売れ行きは2023年に4万9000台にまで伸びて、同時期のBYDは2223台だった。日本でEVが伸びないのは充電ステーションが少ないこと、バッテリー充電に時間がかかり、交換となると、230万円も取られることなどが挙げられるが、日本人はやはり日本車への信頼が高いからだろう。テスラの日本での販売価格は「モデル3」が531万円だが、補助金を利用すれば400万円台で買える。それでも売れないのだ。

ネット通信販売のＳｈｅｉｎ《シーイン》とＴｅｍｕ《テム》（ＰＤＤ＝ピンドゥドゥ・ホールディングスが親会社。以下ＰＤＤと略す）等が滅茶苦茶な安値攻勢をかけて米国市場を席巻した。案の定、品質にクレームが付いて売れ行きが激減した。米司法省は調査を開始した。おまけに両社は米国で特許侵害だとお互いに提訴合戦を展開している。

Ｔｅｍｕなどの安売りのカラクリはマルウェアにあり、不法なデータ収集が収益源。つまり個人データを収集しているのである。アーカンソー州司法長官のグリフィンは州法の「不正取引慣行法」に違反したと提訴した。

Ｔｅｍｕは日本でも安さに釣られて半年で１５００万人が利用した。個人情報は中国に流れた懼《おそ》れがある。この通販ネットはＴｅｍｕ、Ｓｈｅｉｎ、アリババ、ＴｉｋＴｏｋの４社が世界シェアの上位４位を寡占している。

マルウェアは不法かつ有害な作為をおこなう悪意にもとづいたソフトウエアで、レバノンでヒズボラ幹部を爆殺したポケベルも、イランの核施設のコンピュータシステムを制御不能にしたのも、このソフトだ。米国ではＴｉｋＴｏｋ排斥が決まったが、この動画サイトは情報操作ばかりか、データを収集し中国の親会社バイトダンスに送っていた疑惑が濃厚である。

注意されたい。Ｔｅｍｕ幹部は中国共産党員である。

安さで飛びついた人が大勢いたTemuの通販

バイトダンスは「外国敵対的勢力」と烙印《らくいん》を押された。この法源は24年4月に成立した「外国敵対勢力が支配するアプリから米国人を保護する法律」である。テンセントのウィチャットは、起動すると同時に周辺のスマホ利用者が一覧できるカラクリがある。要人が使えば周囲にいる人を一瞥《いちべつ》できるシステムだから外国スパイやテロリストが悪用するとどうなるか。

安売りの通信販売はネットで注文し、決済を終えると中国から小包みで送られる。米国では800ドル以下の郵便小包に税金がかからないので簡易貿易としての利用が多かった。この郵便システムの不備を国内配達別料金措置とした（万国郵便条約違反だが）、トランプ政権は中身にも関税をかけ始める。

かくして本書で筆者はチャイニーズ・ビリオネアの盛衰を追求しながら、同時に中国の熱狂的な拝金主義と、新興成金たちの人生観と、その光芒《こうぼう》を追う。

第二章

大富豪にはなりたいが、長者番付のトップにはなりたくない

ホントの情報はどこにあるのか

中国のネットに「中国経済は衰退している」「不動産はもっと下がる」「ＧＤＰはウソ」等と真実を書き込むとすぐに消される。発信元を突き止められ、捜査員がやってくる。ＡＩ監視体制が張り巡らされているばかりかエコノミストが経済の先行きの予測をする場合、事前に当局の許可が必要となった。情報統制というより情報の独占であり、ネットも洗脳と宣伝の道具でしかない。

しかし中国の若者たちは巧妙な方法で外国のネットにつなげている。とくに賢い人たちはホントのことを知っている。また日本へ渡航する中国人は年間８００万人前後もあり、日本で目撃した真実の姿は口コミで広範囲に伝わっている。日本に軍国主義者はいないこと、日本人は皆親切で日本料理がうまいこと等々。

福島汚染水などと難癖をつけ日本からの魚介類を輸入制限してきた中国だが、日本に来る中国人観光客がまっさきに駆けつけるのは寿司である。

マンションの建てすぎ、供給過剰の住宅は「半分が売れ残り」というが中国各地の幽霊マンションは計算外なのか。不動産価格は半値になった？　実態は半値に下げても売れない。需要がないのだ。

ＧＤＰに占める個人消費は日米ともに60～65％だが中国は35％（最近は50％に改善という数字もある）、つまり中国経済は日米欧への輸出で持っている。対米貿易黒字は３０００億ドルを超えていた（24年度の日本の対米黒字は６５０億ドル）。

欧米の対中制裁ならびに高関税で、輸出激減は明らかだが、なにしろダンピング輸出。そのうえメキシコ、カナダを利用しての迂回《うかい》輸出、繊維製品、スポーツシューズなどは中国企業そのものがベトナム、インドネシア、バングラデシュへ移転した。したがって「中国からの輸出」として統計には出ない。

トランプ政権はカナダとメキシコへ25％の関税をかけ、中国には60％かけると脅した（実際にカナダとメキシコへは1カ月延長し、中国への追加関税は10％だった）。

中国が輸出で生き残る道は米国へ工場を移転するか、人民元を下げることしかないだろう。

浙江省義烏《イーウー》といえば世界中のバイヤーが買い付けに集中する雑貨製造、卸売りの集積地。ここでは米国向けの雑貨、それこそクリスマスツリー、ろうそく、花火、トランプ人形から星条旗まで、あらゆる日用雑貨、季節商品が製造され貿易中継のハブとして活用されてきた。文房具、アクセサリー、こどものオモチャ、オトナの玩具、ともかく日本の「１０

0円ショップ」に並ぶ商品も、ここからやってくる。この街には8万軒ものショップが連なり、評判を聞いて昨今は中近東からアフリカ諸国から、陸続とバイヤーがやってくる。トランプ当選を早くから予測していた義烏の雑貨業界は大統領選の段階で、米国に新工場を建設し、テネシー州で5月を目途《めど》に製造基地を竣工する。雇用が米国に移動することになり、トランプの思惑は当たったことになる。アップルは工場を米国へ戻す。

実態としての人民元はドルの裏付けのない通貨を大量に発行しており、理論値から言えば、1人民元＝20円ではなく、1人民元＝12円程度の計算になる。

『君たちはどう生きるか』などと偉そうな人生訓を垂れる本が日本でベストセラーとなって映画にもなった。これも左翼のしかけたキャンペーンの類いだが、中国人のエッセイスト、高善文《こうぜんぶん》がいまの中国人には三層の生き方の差違があることを指摘している。

（1）「生き生きと人生を愉しんでいる」のは高齢者。

（2）「愛のない生活を送る」のが中年（そういえば、中国の簡体字の「愛」には「心」がありません）。

（3）「殺伐としている」のがヤング層。

ストレス解消のため、ぬいぐるみを買う中年層が増えた。若者は癒《い》やし系のゲームやドラマに逃げ場所を見つけた。旅番組、グルメ番組を見る中国人はゲームの孫悟空で時間を費やす（ゲーム「黒神話　悟空」は発売3日で1000万本も売れ、付随してソニーの「プレイステーション」も売れた）。

中国における無差別殺人、通り魔殺人は2024年だけでも数十件。珠海で35人をひき殺した犯人には死刑判決が出た。妻が通っていたスポーツクラブの男と不倫となり、犯人はその不倫相手をひき殺すためにほかの34人を巻き添えにしたとか。

なかには日本人学校へ通う児童の刺殺事件もあった。社会の不安心理が増幅する。

不動産バブルの崩壊で人生に絶望したのが小金を貯《た》めてきたプチ富裕層だった。アパート経営でうまくいけると思っていたら家賃が激減、なにしろ上海のマンション住宅の家賃は高級ホテル1泊分にもならない。利益率が平均で1・3％、住宅ローン金利が昨今3・7％だから逆ざやになっている。

石平によれば、「長者番付で誰も1位になりたがらない。なったら馬雲や『農夫山泉』のように当局から睨《にら》まれるから。だから1位になりそうと分かったら記者会見を開き、社内で不祥事発生とか、次期決算は落ち込むとかを発表して、意図的に株価を下げるのです」という。涙ぐましい経営努力、中国は悲哀にあふれている。

アルコールのベストセラーは茅台酒《マオタイ》と五糧液、いずれも45〜52度の白酒《パイチュウ》である。

中国産アルコールで、贈答用の筆頭は貴州省特産の茅台酒だ。美しい化粧箱に収まったセット価格10万円はざらである。日本にも輸入されており、一瓶が3万円前後。有名な大吟醸酒より高いのだ。

2025年1月2日、この茅台グループ元会長、丁雄軍を捜査中と報じられた。中国共産党中央紀律検査委員会と国家監察委員会は貴州省市場監督管理局の丁雄軍《ていゆうぐん》局長が「重大な規律違反」で調査を受けていると発表した。丁は前会長で、前年に市場監督管理局に転じていた。監査ポストの人間が、汚職を展開するのは珍しいことではなく、筆者がつねに言うように「中国では長谷川平蔵と石川五右衛門は同一人物」である。

茅台酒と並ぶ中国の銘酒は「五糧液」である。五種類の穀物（高粱《こうりゃん》、もち米、うるち米、とうもろこし、小麦）を原料とする白酒で、52度の商品は「茅台酒」の人気を超える。この山西省銘酒の「五糧液」に贋物《にせもの》が出回っており、なんと全体の70%が贋物という。

また酷似する名称の酒は「五粱酒」というから、中国はややこしい。25年1月10日、四川省紀律検査監督委員会は「五粱業グループ」の元会長で四川省人民代表大会経済委員会の元副委員長・李曙光《りしょうこう》に「重大な規律違反の疑い」があるとした。李曙光は四川省機械産業局、省計画経済委員会、省経済委員会に勤務し、その後、四川省経済情報技術委員会のチーフ・エコノミストおよび副局長を務めた。

つまり政治任命で分野違いのアルコール業界幹部に〝落下傘降下〟し、五粱業集団有限公司の党委員会書記兼会長、および五粱業有限公司の党委員会書記兼取締役を務めた。この五粱業グループは四川省の国有企業である。

儲かる会社に天下りは高級官僚の利権、そして権限を利用して蓄財に励む。小役人までが腐敗している。

日本のメディアは中国のＥＶが爆発的に売れていると報じた。米大統領選挙で、ハリスとトランプは大接戦などと書いていたが、大差でトランプがリードしている真実の数字を民主党幹部は事前に知っていた。中国共産党幹部は、経済実態を知っているが、真実を「裸の王様」に知らせる勇気を誰も持ち合わせてはいない。これは全体主義社会が持つ宿痾《しゅくあ》である。

薄熙来の次男はカナダで生きていた

元重慶特別市書記を指して、「『胡錦濤《こきんとう》の次』は習近平か、薄熙来《はくきらい》」といわれた時代があった。

革命元勲・薄一波《はくいっぱ》の息子、薄熙来は夫人の谷開来《こくかいらい》がイギリス人を毒殺していなければ、習に代わって中国共産党書記に就いて中南海に君臨していたかもしれない。習も薄も「紅二代」であり、通った幼稚園も学校も同じだった。習は薄を頼もしい兄貴と慕っていた。

薄熙来の次男でハーバード大学留学中だった薄瓜瓜《はくかか》はボストンで24時間警備、プール付きの豪華マンションに暮らしていた。石油成金の息子のようにフェラーリを乗り回して、女の出入りも多く、プレイボーイとしても知られた。だが、「ぼんくら学生」でもなく弁護士資格試験にも合格していた。

2012年、薄の用心棒兼重慶市公安部長の王立軍《おうりつぐん》が女装して成都のアメリカ大使館へ逃げ込んだ。この事件が薄失脚につながった。谷開来夫人が息子の家庭教師で英名門ハロースクールへの入学を斡旋《あっせん》したイギリス人を利害関係のもつれからか、森の中のホテルに呼び出して毒殺した。犯行がばれて、2013年、2人とも終身刑となった。薄熙来は北京郊外の秦城刑務所に収容された。谷開来は死刑判決だったが2年後に終身刑に減刑され、燕城刑務所にいる。

さて豪遊の限りを尽くして派手な生活を送っていた薄瓜瓜は、両親の逮捕、拘束、裁判に報道陣が殺到したため雲隠れ。後に判明したのは親中派学者エズラ・ボーゲルの家に匿われていたとか。その後、杏《よう》として行方知れずだった。異母兄は秦城監獄に父親の面会に行っているが、薄瓜瓜は両親の面会にも行かず、そもそも中国には一度も帰国していない。

大金の持ち出しなどを問われて拘束される恐れがあったからだ。

2024年10月、その薄瓜瓜が極秘に台湾入りしていた。台湾人女性の許恵瑜《きょけいゆ》と結婚し、台湾の近親者を集めての披露宴出席のためである。華燭《かしょく》の典は新竹の森の中の迎賓館「南国文民ホテル」に親戚があつまった。許夫人は羅東《らとう》博愛医院院長の娘で、カナダ留学中に恋仲となった。

中国の著名人の息子が、台湾入りし、しかも台湾人女性と結婚するという珍事は魯迅《ろじん》の孫・周令飛《しゅうれいひ》のケースがある。この「事件」は1980年代初頭のこと、筆者は『週刊文春』の依頼ですぐに台湾へ飛んで、この周令飛にインタビューしたことがある（拙著『中国の悲劇』に収録）。

薄瓜瓜の結婚式も台湾メディアが連日報道合戦を繰り広げたが、ガードの堅い薄瓜瓜を撮影できなかった。

薄瓜瓜はカナダのパワーコーポレーションにマネジャーとして勤務し、トロントに豪邸を構えていると噂される。真実は何も分かっていない。当該パワーコーポレーションは1925年創業の金融コングロマリットで、ファンド、生命保険、持ち株会社、企業のM&A斡旋など手広く営業し、上場企業としても老舗、ただし役員会名簿に薄瓜瓜の名前はリストアップされていない。

薄瓜瓜が不法ルートで巨額の金を持ち出したことは明らかだが、豪邸を購入する資金や、その手続きをどうしたのか。裏では習近平とのつながりがあるのか、どうか（この時点でビットコインは発明されていない）。中国奥の院の闇は、しかし解明されることはないだろう。

事情通のジャーナリスト野嶋剛によれば、披露宴では薄瓜瓜が「両親は人民のために犠牲になった」と語るビデオが流れ、またXに投稿し「父は仕事に熱中してコミュニケーションや和解をおろそかにした」と述べたという。資金の不法持ち出しなどは否定した。

中国共産党の高官が利権でつながりビジネスを展開し富豪となるのは「紅頂商人《こうちょう》」という。しかし共産党幹部とのつながりが希薄な中国の民間企業家には突発的な災難が降りかかる。

アリババの馬雲は「中国にはシステムがない」と放言して以来、金融子会社アントの上場は延期され、言いがかりをつけられて天文学的な罰金を支払わされ、ついには中国に居づらくなって海外を放浪していた。馬雲はビル・ゲイツや孫正義と並んで世界的有名人だから、この程度で済んでいた。25年2月には5年ぶりに公の場に現れて、習近平と握手した。

民間人で共産党批判をするとどうなるか。

2023年に中国ビリオネアの筆頭だった「農夫山泉」の鐘睒睒（ジャンシャンシャン）

ＣＥＯは、講演会でＴｅｍｕを批判し、「その安売りで国内産業は打撃を受けている。こんな状態に陥った原因は共産党だ」とした。聴いていた人はひやりとなった。中国の反日活動家らは「農夫山泉のミネラルウォーターのデザインが鯉のぼり（中国にはない）だから親日派だ」と難癖《なんくせ》をつけ不買運動を始める始末だった。スーパーでも隅っこに置かれ売り上げが減った。

中国の長者番付は四半期ごとに入れ替わる。株価の時価総額がランキングの基本だから株価乱高下に左右されるのだが、この速度は日本とは際立って異なる特質だ。

日本の企業風土はトップも従業員も同じ釜の飯を食べるファミリーの感覚だからＣＥＯが従業員平均給与の１００倍とかの報酬を取ったりはしない。この点では米国と中国は同根である。

ミネラルウォーターの「農夫山泉」を抜いてトップに躍り出たのは、ＴｉｋＴｏｋの親会社「バイトダンス」の共同創業者、張一鳴だ。「２０２４年『胡潤《こじゅん》』中国長者番付」で首位となった（『胡潤』は中国のフォーブスのような雑誌）。彼の資産は４９３億ドル。バイトダンスの23年度の収益は30％増加し１１００億ドルに達した。バイトダンスは、中国で人気のニュースアプリ「今日頭条」と、中国におけるＴｉｋＴｏｋの姉妹アプリ「ｄｏｕｙｉｎ」も所有している。

パワハラもなんのその

日本ではパワハラで県知事が辞職を迫られた（やり直し選挙で兵庫県知事は復活）。西側も似たりよったりで従来の社会風習は激変する。

社会問題をここで整理してみよう。

中国では相変わらず大学教員がパワハラに励み、教え子の女子学生にセックスを強要、あるいは暴行事件が発生している。これまではサイレントの世界だった。有名なテニスの女性選手の彭帥《ほうすい》が共産党政治局常務委員だった張高麗《ちょうこうらい》から愛人になれと強要され、関係が続いた。その経緯をSNSで告発したら彼女の消息は絶えた。

女性上司のパワハラはセクハラも兼ねた。貴州省ボー・イ族自治区・南ミャオ族の党委員会の前書記だったチョン・ズオンは「美しい首長」と呼ばれた。彼女は果物と野菜の振興をうながし辣腕《らつわん》政治家とも言われたが、多額の賄賂を受け取り、金を持ってくる企業に有利な契約をなしていた。一方、男性部下58人と肉体関係に及んだとも言われた。23年に汚職容疑で有罪判決が下され、党籍剝奪、懲役1年を言い渡された。

時代は変わり現代の中国の若者はネット利用がうまくなった。

SNSの告発が始まり、被害者が実名で告発し始めた。中国版，#MeToo（ミートゥー）である。中国の高等教育機関は#MeTooのサイト閲覧が1億1000万回に達したことを認め、世論は大騒ぎとなった。

2024年7月、中国人民大学の王某（女子学生。博士課程）が、リベラルアーツ学部副学部長の王貴源《おうきげん》からセクハラを受け、性的虐待を強要されたと実名で報告、部長が被害者を、「卒業させない」と脅迫したことが分かった。人民大学と言えばエリート校の一つ、当局は当該教師を党から追放し、教授職を剝奪した。すると翌日、山東省の女子高生が匿名で山東理工大学講師の曹岳《そうがく》が不倫していると虚偽を微博（ウェイボー）で告発したため曹岳も党から追放され、教師の職を剝奪された。

陝西《せんせい》師範大学新伝播《しんでんぱ》学院の王安中《おうあんちゅう》准教授はSNSに卑猥《ひわい》な写真を送信し、女子学生に猥褻《わいせつ》行為をした疑いで起訴された。

これら一連の事件から判断できるのはモラルの崩壊が教育界にも及んでいる実態である。これまで泣き寝入りが多かった理由は学校、教育委員会、地方自治体、警察がお互いを守るため共謀し「守りの傘」を構築していたからだ。

あまつさえ中国共産党はこうした告発の波の拡大を懼れて、監視を強化し、むしろ告発した被害者を退学させたりするので生徒たちは沈黙を守ることが多い（逆に若いからだを武器に成績優秀をもらい、そのことを不道徳とは考えない女性も多い。いや中国人女性の場合、後者が多数派である)。

大学教師による女子学生への暴行や嫌がらせはよくあること。学校側は名誉のために該教授を解雇しても、身分を変えて別の分野で職場復帰させているケースも多い。教育現場も治癒《ちゆ》の見込みがないほどに腐敗している。

日本では予備校産業に異変が起きている。もっとも有名だった代々木ゼミナールが規模を縮小したのを皮切りに塾、補習講座などに生徒が集まらない。

予備校の先生は失職。かと言って英語学校もかつての興隆は見られない。いずれも少子化に因《よ》る。例外は日本語学校で、海外から日本へ留学あるいは就労する外国人は増える一方だからだ。なかには妖《あや》しげな日本語学校も混じっている。日本語教師になるには2023年から国家試験となった。そのうえ四年制大学卒業生に限られている。

いまの日本で「資格」を取りやすいのは介護士だけ。圧倒的な人手不足だが、若者のなり手は少ないから、このニッチ(隙間)にブラジル、マレーシア、インドネシアからの出稼ぎが加勢する。

三大受験産業といわれた学研、旺文社、福武書店(ベネッセ)も学習参考書を出していた出版業の規模を縮小した。

〝ヘンシン〟の典型が学研である。団塊の世代が御墓を買うか、病院で目を閉じるかの時代となった。受験雑誌はさっぱり売れず、そこで学研は老人ホーム経営に乗り出した。ベネッセも同様。

中国でも同じことが起こりつつある。

つい20年ほど前まで幼稚園に子供や孫を入れるときは、コネが必要だった。いま、幼稚園も小・中学校も定員不足。教師の大量失業は社会問題。とくに予備校講師、家庭教師は需要が激減した。中国の幼稚園が陸続と老人ホームになって勉強机の代わりにベッドが置かれはじめた。

幼稚園では園児に童謡を歌わせていたが、いまは老人ホームの合唱団。建造物の老人ホームへの改装は喫茶ロビーや談話室、図書室なども必要で、豪華な老人ホームともなれば美術・音楽室、読書室、食堂、保健室、リハビリ施設などが完備されている。

中国教育部(部は省)のデータでは2023年の中国の幼稚園児は前年より535万人減少し、幼稚園の閉鎖が相次いだと報告している。現象的には日本の後追いながら規模は日本より巨大である。

米国人との養子縁組みもやめた

手っ取り早く金持ちになるには米国人の養子になることだった。

広州へ筆者がよく行っていたときだから2005年ごろだ。定宿の花園ホテルが満員で白雲ホテルに宿泊した。朝、遅い朝食を取りに豪華なロビーへ降りてビックリした。喫茶しながら赤ん坊を籠《かご》に乗せ米国人夫婦と中国人の小母さんがおしゃべりをしている。それが6組か7組。なにかと思って聞き耳を立てると養子縁組の斡旋風景だった。異様な風景だった。

翌日、東京行きの飛行機に乗ると中国生まれの赤ちゃんを抱えた米国人カップルが30組ほど乗り込んできた。東京で米国の別々の都市へのフライトに乗り換えるから偶然目撃したのである。

中国が養子縁組を積極的に進めていた時代、民政部の所管に「中国養子縁組組織」が置かれていた。政府が養子縁組で海外へ孤児を送り出す支援を積極的にしていた。

1992年に中国は外国人が中国人の子供を養子にできる「養子法」を施行し、中国における外国関連養子縁組への扉を開いた。2005年4月、中国全人代常務委員会は児童の保護と国際養子縁組に関する協力に関する条約を承認した。孤児の増加がピークに達し、年間5万1000人の孤児のうち1万3000万人の赤ちゃんが外国人家庭に養子縁組され、全体の養子縁組の4分の1を占めた。

米国では合計8万2658人の中国人の子供を養子にしてきた。外国人養子総数の3割が中国からで、しかも大半が女の子。一人っ子時代だから女の子が生まれると孤児か棄児扱いとされるケースが頻発していた。

養子縁組は2005年がピークで、その年に米国へ渡った中国人の子供の数は7903人だった。それまで養子の条件は孤児あるいは棄児で、被扶養困難児童と呼ばれた。養子になるのに10歳を超えていたら本人の同意も必要だった。養親の条件は35歳以上。ただし未婚の場合は40歳以上で扶養教育能力を保障する書類が手続き上必要とされた。

以後、海外養子縁組の基準を修正し、たとえば30歳未満または49歳以上の養親申請者、1人当たりの年間所得が1万米ドル未満、純資産が8万ドル未満の世帯、身体的および精神的健康上の問題を抱えている申請者、肥満指数が過剰な養親は除かれた。中国の養子の数は2014年に2800人に減り、ピーク時から4割の減少となった。

2024年8月、中国政府は「中国人の孤児などを養子縁組のために海外に送らない」と発表した。

180度の方針転換である。少子化対策の一環である。ただし例外があり、三世代以内の傍系血族の子供や連れ子を養子にするために中国に来る外国人を除く（外国人と言っても「中国系米国人」がほとんど）。筆者が広東で目撃した養親希望者に引き取られ米国へ渡った「幸運な」中国人女性らは順調にいけば大学生だろう。運良く大学へ入学させてもらえたか。幸せな人生を送ってこられたか？

中国は定年引き上げに動き出した。

現在、男性60歳、女性50歳（管理職55歳）となっている法定退職年齢を2039年までに男性63歳、女性55歳（管理職58歳）とする。同時に年金を受け取るために必要な保険料の支払い期間を延長し、現行の15年を最終的に20年とする。現在の制度は1950年代に大枠が定まり、国民の平均寿命が80歳近くに達するなかで時代に合わないと指摘されていた。年金資金が乏しくなっている証拠でもある。

中国14億人口の2割が60歳以上となった。労働人口の急減で2035年に年金財源が枯渇するため、定年延長が不可欠となったのである。

米国留学も激減している。米国が門戸を閉めたからだ。

ちなみに24年9月の自民党総裁選に9人が立候補したが、略歴を見るとハーバード大学留学が4人、ジャージタウンとコロンビア組が各1、合計6候補、じつに3分の2が米国留学帰りというのは驚きだった。

中国人の米国留学は2014年に27万4439人だった。ピークが2019年の37万人、それが22年統計では11万5493人に激減した。米国の大学内に設置されていた孔子学院閉鎖、中国留学生へのビザ発給厳格化、飛行場での門前払いも相次いで、さすがの中国も抗議した。米国の中国制裁と中国人と見たらスパイ視する社会風潮が米国滞在を居づらくさせたらしい。

米国で博士号、あるいはMBAを取得した中国人のうち、中国へ帰国した数は2010年から2021年の12年間の統計でわずかに1万9955人だった（博士号取得者は34万人と推定）。多くはアメリカンドリームを夢見て米国で暮らし、起業し成功をめざした。一世代前の中国人はハングリー精神にあふれていた。言葉の習得も早かった。2010年に中国へ帰った留学生は48％に過ぎなかった。それが2021年には67％、学部学生に限ると80％が中国へ帰る。これを「海亀派」という。ところが帰国しても、中国経済は不況、就職難、精神的に落ち込んでトラウマを抱える若者が増え、なかなか「見えてこない未来」に悩む。中国社会、かなり深刻である。

「優秀な頭脳」といわれた若者が中国へ帰るのである。軍事技術、コンピュータ産業などはイノベーションが促進されるだろうが、一方で負け組には何が起きるか？

中国国内でＳＮＳの詐欺犯罪が急増している。ＷｅＣｈａｔ《ウィーチャット》（微信）、ＴａｏＴａｏなどのチャットルームを舞台にした詐欺グループが逮捕されるケースが多い。なかでもある詐欺集団は構成員が１０２人、被害額は判明しただけで９０００億円。これは氷山の一角である。25年２月にはミャンマーの山奥で、こうした中国人の詐欺集団が大々的に手入れされ、およそ４０００人が逮捕された。

若者たちの絶望は社会的通念、生き方の変化に如実に反映され、「結婚しない、結婚しても子供をつくらない」という非伝統的な中国Ｚ世代現象が広がった。

このような退嬰《たいえい》的風潮を共産党は重く受け止めているが、抜本的対策などあるはずがない。一人っ子政策をやめて、産めよ、増やせよと言っても、適応する条件は官僚的で貧弱である。１９７９年以来つづいた一人っ子政策は２０１５年に撤廃された。いや、そればかりか２０１６年には２人もＯＫ、21年からは３人もＯＫとなった。

しかし逆に新生児は減ったのである。公式統計によると中国の少子化（合計特殊出生率）は１・３だが、現在はおそらく１・０を割り込んでいると想定される。

その場しのぎのパッチワークは失敗

パッチワークの見本が結婚および離婚規則の改正である。

結婚届を従来の戸籍などの申請書類規則を撤廃し、簡単な手続きとする。また離婚を難しくするため離婚届を受理するまでに30日間の「クーリングタイム（冷却期間）」を設け、「もう一度考えてから」を奨励する方向へ規則改正に動いている。

中国の結婚数は2024年予測で686万組と計算される。前年よりも100万組少なくなった。少子化にも歯止めがかからない。未婚、晩婚、少子化は過去10年で顕著になっている。第一に男子が女子より人口が多いため嫁不足。第二は所得格差、第三は都市化の進行（20年前に都市化は36％だった。現在は65％）、コンビニで食事する「お一人様」現象は日本の風景を見ていても分かる。第四の原因は結婚最年少という年齢制限で、日本は男女とも18歳だが、中国では男子22歳、女性は20歳からだ。

大学新卒1179万人の半分の職がないことは述べた。せっかく高給をいただける企業に入ったのにレイオフされた。とくにIT、ハイテク、科技の集中する深圳が「大量失業の町」になった。これを『低空経済』と中国メディアは呼称した。

表面的に中国企業の株が上昇しているのは刺激策発動による一時的現象でしかなく、いずれ下落する。「レイオフ」を中国語では「経済的裁員《さいいん》」という。

過去5年の動きを総括してみよう。

第一期はコロナ感染によるサプライチェーンの寸断で生産ラインが止まり、工場で寝泊まりという事態も発生した。このときの一時解雇は、すぐに収まると見られた。だが工場はそのまま閉鎖となったところが多い。急遽《きゅうきょ》マスクを製造した企業も多かったが、悪質なうえ乱売で中国製マスクは評判が悪かった。

レイオフとは日本語では一時解雇だから完全解雇とは異なる。中国では境界線も有耶無耶《うやむや》にされて、完全失業となったのが建設労働者だ。典型は建設中のビル、高層マンションの現場労働者たちで、農村からの出稼ぎが多かった。「不払い賃金を払え」と現場でテント村ができていたが、公安に追い払われ、どうやら農村へ帰郷したようだ。

第二期は香港の自由化阻止、活動家弾圧と言論の自由が封殺された影響が2022年頃から深刻化し、金融関係の多くが拠点をシンガポール、ドバイへ移管した。このため証券などでもレイオフが続発した。外資系のＪＰモルガン、バンカメ、ＨＳＢＣなども規模を縮小し、かなりのレイオフが香港で生じ、それが株式市場のある深圳と上海の市場関係者解雇というドミノとなった。

第三期は米国主導の中国制裁がじわりと影響をもたらし、輸出産業ならびにソフト開発企業などでレイオフが発生した。花形だった上海汽車にはVWやGMとの合弁工場もある。上海汽車の10％レイオフは下請け企業で50％のレイオフにつながった。ソフトウエアのX-EPIC（芯華辛科技）は50％の社員を解雇した。こうした中国経済の不振はオムロンのように中国依存のサプライチェーン依存企業にも悪影響をもたらし、同社は世界全体で2000人の解雇に踏み切った。資生堂も1000人の解雇。まだ活況を呈しているのはドローン関連だけといわれる。

第四期は外資の撤退に付随した。

台湾企業の7割方が中国から去り、日本企業も遅ればせながら、中国に進出した10％が撤退。中国人従業員には退職金を保障しての解雇である。それでも中国各地でストライキが発生、アップル、日立製作所、ペプシコ、シチズンなどが深刻なストライキに遭遇した。

第五期が現在の状況で、ついにハイテク、eコマース（通販）の分野に波及した。アマゾンに次ぐ通販大手の「京東商城」は30％のレイオフ、アリババ、テンセント，DiDi《ディディ》（滴滴）など、花形企業もレイオフを断行し、ハイテク業界全体のレイオフは5万人に達した。

深圳が経済特区として誕生したのは1979年である。その直前にも筆者は深圳を取材していたが、まだ人口が8000人足らずの貧しい漁村で、あちこちで建設工事をしていた。道路は未舗装、食堂は屋台で、冷蔵庫もなく生あたたかいビールを呑んだ。それがいまや人口が1100万人を突破、東京より狭い土地に、東京より多い人々が暮らし、華為《ファー》技術《ウエイ》、アリババ、テンセントなどが深圳に蝟集《いしゅう》し、中国のシリコンバレーと呼ばれた。

その深圳が低空経済の津波に襲われ、町にあふれ出した失業の群れが、新卒で職のない若者の列に上乗せされる。中国経済の先行きに明るい兆《きざ》しはない。

新生大学は雨後の竹の子のように

北京でも上海でも、夜の人出がめっきり減った。逆比例して増えたのが屋台ビジネスへの新規参入という皮肉な現象である。

その屋台も新卒が乗用車に機材を積んでくる即席ショップである。ゴミ拾い、空き缶集めも競争状態となった。アリババの配達員はつねに人員不足だが中国全土に1000万人！　正社員でもアルバイトでもない。随時契約で長時間労働、1件につき10元ほどもらえるのか、1日に20～30件ほど配達できても（集中高率地区はベテランが押さえている）日銭は食事代になるのか、どうか。

農村への赴任は募集しても応募者は少なく、都会の生活になれてしまった若者は人生設計に田舎暮らしなど感覚的に追いつかないのだ。日本はまったく逆で都会から田舎へ引っ越し帰農する若者が目立つようになった。

一方、公務員を募集すると定員の30倍以上が常識という狭き門である。女子学生にも募集がかかるが、家政婦のなり手はない。昔あった美人たちの「パパ活」もゼロに近い。つまり「ゼロコロナ」から「ゼロ雇用」となった。

2024年8月26日、IBMは上海のR&Dセンターを縮小し、1000人を削減すると発表した。IBMが中国から去る嚆矢《こうし》となるのか。ほかの米国企業などはインドに移行しているから遅きに失した観もあるが、中国の若者で理工系の優秀な人材も、行き場がなくなっている。

どうしてこんなことになったのか？

第一に大学をつくり過ぎたことだ。90年代まで中国で「大学」と聞けば、エリートだった。2000年に中国全土に1100校、インスタントな駅弁大学ができた。それなりに「教授」も揃った。

即席大学の校舎建築、敷地確保なども問題だが、どうやって最新技術、最新の国際的レベルを知った上での知識を教える人材が、地面から湧いてくるように輩出したのがかねてから不思議だった。中国で新設大学は雨後の竹の子のように、２０２４年には２８００もの大学ができた。２０２４年７月の新卒が１１７９万人。はじめから「大学は出たけれど、どうなるか」は分かっていた。「大学卒業」＝「失業」という意味だったのだ。

２０２４年１月に発表された中国の若者の失業率は21・３％（真相は50％を超えている）。ちなみに日本の若者の失業は４・２％で、大概がニート、引きこもりである。米国は７・５％。フランスは昔から労組が強く、若者への職配分が少なく16・３％だ。

貧窮生活の苦況と絶望を描いた中国映画「逆行生活」は中年のプログラマーが失業し家族を養うためにフード配達をするストーリーだ。すでに５００万人が観た。他人事ではない、身につまされる話だからだ。正面玄関から配達しようとすると警備員から「通用門に廻れ」といわれ、エリート意識が瞬間的に奪われたことを実感する悲哀、中国人の感性も変わってきた。

しかしその一方で元気なのが中国の老人たち（前期高齢者）である。上海の夜のカフェ。65歳以上のカップルがあつまった「新しい恋愛を語る『トワイライト・ラブ』が発展中だ」とニューヨークタイムズ（２０２４年８月27日）が写真入りで報じた。カラオケではいまも千昌夫の「北国の春」が歌われている。

第二章

赤い資本家たち

栄毅仁は上海市長の時代、文革で失脚。「赤い資本家」の象徴

改革開放に転じた直後からビジネスに活路を見出した鄧小平《とうしょうへい》は栄毅仁《そうきじん》を名誉回復させ、国有企業ＣＩＴＩＣ（国有コングロマリット）の初代ＣＥＯに就かせた。

栄毅仁は１９９３年に党副主席に選ばれた「走資派」のボスである（「走資派」とは共産主義中国が資本主義を取り入れてからの先駆者たちを指す）。

父は民族資本家の栄徳生《そうとくせい》で、上海を中心に多くの企業を経営していた。多くの資本家、金持ちが台湾か香港へ逃げたが栄徳生は革命後も残った。ＣＩＴＩＣ経営では世界を歴訪し、外資導入を働きかけた。やがて全国政治協商会議副主席となって政治家としての活躍も始め、趙紫陽《ちょうしよう》元共産党総書記の葬儀には花輪を贈った数少ないひとりだった。現在、栄一家はカナダに移住したといわれる。

しかし文革の傷跡は深く、鄧小平一族の浮沈がそれを象徴する。長男の撲方《ぼくほう》は文革中にビルから突き落とされて身体障害者となった。障害者団体の名誉職を得て糊口《ここう》をしのいでいるとかすでに外国へ出たとかの噂がある。

次女の絵描きは鄧の時代が終わると、まったく絵が売れなくなった。山崎豊子が『大地

の子』を執筆中に筆者も取材に協力したので面白い話をたくさん聞いたことがある。次女は日本でも絵画展を開催し、日中友好議員等がおべんちゃらを言って購入していた。

宿舎のニューオータニで「あなたの下手くそな絵なんてそのうち誰も買わなくなるわ」と山崎がからかうと、立腹して部屋からプイと出て行った。が、すぐに戻ってきた。

「ここは私の部屋。あんたが出て行って」

この次女はオーストラリアへ出国したという情報があり、以後まったく消息は不明だ。次男の鄧質方《しつほう》が豪州で豪邸をかまえており、合流しているとも考えられている。

李鵬《りほう》（元首相）一族の没落も早かった。周恩来の息子（養子）という威光を笠に着て首相にまで上りつめたが政治力に乏しく、これと言った実績はない。あるとすれば軍の反対を押し切って三峡ダム建設に踏み切ったことだろう。水利関係のダム、発電所、河口堰《ぜき》などは李鵬一派の利権だった。彼の周りには阿諛追従《あゆついしょう》の無能な一群があった。

中国人の人生観は刹那主義だから「権力を握っているうちに富を築き上げなければ間に合わない」という強迫観念に突き動かされる。本人でなく周りがそうなる。それこそは権力が付帯する妖しい悪魔性である。

三峡ダムは、ひとたび洪水となれば決壊の懼《おそ》れが高く、下流域80万人が被災する。建設前から『上海沈没』というシミュレーション本が出て堂々と書店で売っていた。

ダムサイトには上流からの土砂が人工湖に堆積してゆくから朝から晩まで浚渫《しゅんせつ》作業に追われる。戦争となればウクライナ、ロシア双方がダムを破壊したようにインドからのミサイルで破壊されるシナリオもある。それでも李鵬が強引に建設にゴーサインを出した。もとより発電系統の関連ビジネス利権は李鵬が牛耳《ぎゅうじ》っており、娘の李小琳《りしょうりん》は何の実績もないのに電力の国有企業（華能国際電力）のCEOになった。香港にリムジンにボディガードとともに乗り付け、ブランド品を買いあさった現場をパパラッチされて民衆から怨嗟《えんさ》の声が上がっていた。父親の後を、と望み、精華大学で電力システム修士。学歴はMIT（マサチューセッツ工科大学）のMBAとあったが、詐称だった。MITの調べで「15日間7500ドル、非学位コース」に在籍記録があるだけだった。その後、バミューダに幽霊会社を登記し、『パナマ文書』に名前が出た。習近平が権力を握ると李小琳はド田舎の発電所所長に飛ばされたという噂がながれた。現在は消息不明。

李鵬の次男、李小鵬《りしょうほう》は父の威光を笠に華能国際電力のCEOに就いた後、山西省副省長から交通運輸部長になった（省長などは省書記のはるか下。部長は日本で言う大臣だが、やはり飾りでしかない。企業でも「書記」が一番偉い）。この子供たちの浮沈物語が後世の李鵬への評価である。

江沢民という金満政治家（側近も金庫番も失脚。右腕だった曽慶紅《そうけいこう》〈国家副主席〉は隠居）は棚ぼたで総書記、国家主席、2年後に軍中央委員会主席と三権を独占したが、実力はなく、軍の機嫌をとるために腐敗の元凶となるアルバイトを黙認し、また上将（大将）ポストを数十人にばらまいて忠誠を誓わせた。軍のモラルは低下した。軍の高官は内心、江沢民を軽蔑していたが、江沢民のおべんちゃらは居心地が良く内職に専念して富の蓄積もできた。権力維持の知恵を授けたのは曽慶紅だった。

江沢民の父親は日本の特高の協力者だったが、日本の敗戦とともに将来を案じ叔父の籍に養子として入籍、親日家の過去を消した。上海交通大学（南京中央大学が前身）で機械エンジニアリングを学びソ連に研修に出向、またルーマニアに駐在したこともある。1983年に電子工業部長（大臣）、ときの上海市長だった汪道涵《おうどうかん》に見出され、上海市長から1987年には上海市書記に大出世した。89年6月4日の天安門事件で趙紫陽が不在となると、鄧小平が急に思い出して江沢民を呼び寄せ、いきなり党総書記に任命した。使命は1日も早く世界から孤立した状態から抜け出し、ドルを稼ぐ「世界の工場」を確保することにあった。江沢民は国際貿易の実務経験があった。

江沢民の子供は2人だが長男の江綿恒《こうめんこう》の動静だけが伝わった。綿恒は米国留学中にゴールドマンサックスで修業を積んだなどといわれたが委細は不明。帰国後、中国科学院副院長、上海科技大学学長を務めた。

誰かが出世すれば眷属が群がる

胡錦濤時代の経済政策を担当し、経済を飛躍させた首相は温家宝《おんかほう》である。

彼は政策実行の辣腕を発揮した。しかし眷属《けんぞく》の中で誰かが出世すれば、その周囲は利権獲得に暴走する。これは中国伝統であって（ミニ中華の韓国も同じ）、一族腐敗という歴史の原則の通りに夫人は中国宝石界に君臨し、平安保険の幹部室にふんぞり返った。長男はインサイダー取引でしばしば名前が出た。

２００３年３月に平安保険はＩＰＯ（新規株式公開）を行って１７０億ドルをかき集めた。資本主義の常識では生命保険会社が株式上場はあり得ないが、ナンデモアリの中国では何が起きても不思議ではない。「上場理由」は「国際化のためだ」と喧伝《けんでん》され、驚いた英紙フィナンシャルタイムズは「英国最大のプルデンシャル保険の時価総額より大きくなり外国生保の買収も可能になる」と警告した。平安保険は温家宝夫人の「異様な関与」が取りざたされたが案の定、２００８年には上場直後のピークから80％近い暴落となった。

まさに「昇官発財」（昇進すれば儲かる）。コネが物を言う世界、つまり匪賊《ひぞく》社会が本質なのである。温首相一家の不正蓄財はニューヨークタイムズがすっぱ抜いた。巨額の不正蓄財がばれ、裁判で敗訴、刑務所行きになるところを不正蓄財をすべて供出して寛恕《かんじょ》を乞《こ》い、犯罪者の汚名をかぶることを免れた。

江沢民の後継となった胡錦濤は権力闘争を血を血で洗う鉄火場を歩んできたわけではなく単なるエンジニアである。几帳面でまじめな性格が買われて鄧小平が鶴の一声、「江沢民同志の次は君だ」と言い残した。

いま思い返すと江沢民から胡錦濤の20年間は、かなり自由な空間が中国にあった。共産党批判は序の口、カラオケも風俗店も繁盛して、外国人観光客にとっては自由闊達《かったつ》な国になったのかと勘違いしそうなほどだった。飲み屋で親しい友人らがあつまると、「共産党の馬鹿野郎」と言っても平気だった。ジャーナリストの電話は盗聴されていたが、尾行はなかった。

筆者などもこの頃は年に4、5回、自由に飛行機と鉄道と長距離バスを乗り継いで中国の奥地へ行ったし、ウイグルにもチベットにも入境できた。皆が金儲けに夢中で中国人の会話を聞いていると、あそこのマンションが上がりそうだ。この会社、党高官の誰々のダミーだから必ず株は上がるという話ばかりで、外交も政治問題も台湾のことさえ話題にならなかった。

政治的緊張感が極度に弛緩《しかん》した江沢民、胡錦濤時代が終わっても、習近平政権の初期は事実上、「江沢民院政」だった。やはり自由な空気が残存していた。

空気が変わったのは胡錦濤の番頭、令計画《れいけいかく》の失脚、習近平最大の政敵、薄熙来の失脚以後からである。

とくに大連市長、商務部長から重慶特別市書記となった薄熙来は日本のビジネスマンと深いコネがあった。信頼した副官の王立軍が秘密を持って四川省成都の米国大使館に亡命を希望して駆け込み、薄が連座したことは見た。これが契機となって一連の反習近平人脈が壊滅にいたるのだ。

第一章で見たように薄熙来は無期懲役となり習を小僧扱いしたベテラン政治家、軍人も過去の腐敗を並べられ（誰もがすねに傷を持つ）、習近平に逆らった実力者、郭伯雄《かくはくゆう》も徐才厚《じょさいこう》（ふたりとも軍事委員会副主任）も周永康《しゅうえいこう》（公安系を牛耳った）もことごとく失脚。このころ「共青団のホープ」と言われた周強《しゅうきょう》（法務部長）も孫政才《そんせいさい》（重慶市書記）も家族、親戚の汚職に難癖をつけられて失脚した。

その関連で薄熙来最大の胴元だった大連実徳集団ＣＥＯの徐明《じょめい》（プライベートジェット機で愛人を届けた）は、刑務所で突然死（口を封じられた？）。汚職撲滅の先頭に立った王岐山《おうきざん》（国家副主席）とて、関係の深い海南集団が事実上破産し、自身の政治的影響力も消えた。さりとて清廉潔白でもない習近平一族は弟が豪州に暮らし、姉2人は香港でコングロマリットを経営している。こうして見てくると中国こそまさに盛者必衰の理《ことわり》を文字通り体現していることになる。

政治家同様に企業人も同じ宿痾《しゅくあ》を持つ。

ＥＶ世界一となったはずの中国ではＢＹＤなど数社を例外にＥＶ自動車関連企業は軒並み倒産した。

喧伝にもかかわらず、じつはＥＶは売れず、在庫の山となっている。新興ＥＶメーカーの破産が目立ち始め、２０２１年には「拝騰汽車」（バイトン）が破産し、22年には「奇点汽車」が破産した。つづけて「雷丁汽車」、「愛馳汽車」は従業員の給与を支給できなくなり、２０２２年の販売はわずか５３６台だった。「賽麟汽車」など新興自動車メーカーも市場から消えた。「威馬汽車」も経営困難となった。これらのメーカーでは社員への給与支払いが止まった。

恒大集団までＥＶ製造に乗り出し倒産したことは見た。雨後の竹の子だったＥＶメーカーの黄昏《たそがれ》である。雷丁汽車は地元の裁判所に破産を申請した。この雷丁は２０１２年に創業しており、「低速EV」のトップ企業だった。最高時速が70キロ以下、駆動用電源として鉛蓄電池を搭載した四輪車。つまりドライバーは運転免許を取得しなくても運転できる。このため2017年には130万台を売った。法律が変わって売れ行きが激減した。

中国市場におけるEVは現在、「比亜迪（BYD）」とテスラなど欧米勢がしのぎを削り、2割値下げは常識、ブームとはいえ各社の収益には結びついていない。

かつて風力発電に補助金がつくと分かると七十数社が乱立した。太陽光パネルには数百社、そして半導体開発の補助金を狙った数千社が名乗りを上げた。現在有力10社しか残っていない。

BYDが日本に本格進出した。本社を横浜に置き、2025年までに販売拠点を100店に拡大し、年間3万台を当面の販売目標とすると宣言した。その後の売れ行きは芳《かんば》しくないことは日本人ユーザーの間では常識である。日本人は日本車への絶大な信用に加えて過去の毒入り餃子や段ボールでつくったシューマイなど、その品質への不信感が強い。

2023年12月22日、BYDはハンガリーのセゲドに新エネルギー車（NEV）の製造工場を建設すると発表した。すでにハンガリーで2017年にバス工場を設立、23年6月からはバッテリー製造拠点を確保している。ハンガリーのオルバン首相は23年10月に訪中した際に深圳にも赴いて、BYD工場を見学した。

ハンガリーの自動車産業は世界の自動車メーカー各社が入り乱れている。トップはスズキとの合弁「マジャール・スズキ」で15％のシェアを誇る。2位はトヨタ。近年、ハンガリーではEV志向が目立つようになった。ちなみにマジャール人はチュルク系の遊牧民が欧州へ移動してきた。ハンガリーでマジャールは最大部族。混血を繰り返したため白人である。

旧東欧で自動車産業があるのはポーランド、チェコとハンガリーである。ハンガリーにはオペル、アウディも組み立て工場を持つ。韓国勢の現代《ヒョンデ》、KIA（起亜）も進出している。電池メーカーのCATL（寧徳時代新能源科技）は、オランダに製造拠点を計画中、上海汽車は欧州に車両製造工場を設立する。

ところがインドはBYD進出を拒否したのだ。インドの「メガ・エンジニアリング」（ハイデラバード）と提携してインドに10億ドル規模の工場を設立するというBYD提案をモディ政権は正式に拒否した。

騎虎《きこ》の勢いのように見えるEVだが、欧州では補助金制度が停止されたか、あるいは削減方向にあり、EV普及率はノルウェーの80％を例外として、英国、ドイツ、フランスの普及率がまだ10％台、スペイン、イタリアなどは4％以下。ギリシャはEVに30％の割引をしているが3％台にとどまっている。ドイツは23年12月をもって補助金を停止、フランスもアジア生産のＥＶは補助の対象外とした。欧州は自動車市場で欧州製品を優先する政策を取っており、全廃を決めていたガソリン車販売を静かに始めた。ちなみに日本のＥＶ補助金は１台当たり最大で65万円である。

中国の自動車生産は２０２３年推計で３０００万台（米国を抜いた。日本の６倍弱）。このうちＥＶは９４０万台（全体の31％）を生産したが、国内需要は減速し，輸出が５００万台前後と推定されている。

「ディープステート」（影の政府）から「ディープシーク」（「深度求索」）へ

２０２５年１月27日、世界の株式市場は震えた。ＮＹ市場では時価総額で１兆ドルが蒸発した。冒頭で見たように中国製アプリ「ディープシーク」の登場が原因だった。

習近平から英雄といわれた梁文鋒のことを、もう少し詳しく見ておこう。

ＢＢＣの記者はすぐさまディープシークに対して実験を試みた。「中国製ＡＩ」ということは、政治的に微妙な質問に如何《いか》なる回答を出すか、あるいは自らをどう検閲しているのか。

Ｑ「１９８９年６月４日の天安門広場で何が起こったのか？」

A「申し訳ありません。その質問には答えられません。私は役に立つ無害な回答を提供するように設計されたAIアシスタントです」と答えた。

日本の友人が聞いた。

Q「尖閣諸島はどこに帰属しますか？」

A「もちろん、中国です」

このようにディープシークには「中国的制約」があり、回答に限界があるという実態が明らかになった。開発は自由、しかし政治的な制約があるという中国の特色が出た。

2025年1月27日の市場で、あのエヌビディアの株価が16％の暴落を演じたのはディープシークの所為《せい》だった。ブームとなった生成AIもチャットGPTも、エヌビディアのGPU（画像処理半導体）を使っているからだ。わずか2年でエヌビディアは、世界でもっとも注目された企業として取り沙汰されていた。そのエヌビディアの最先端半導体を使わずに旧世代GPU使用でも可能だった。

ディープシークが使用したGPUはH800で、現在最先端のH100の旧型。前者は400万円。後者は550万円で、バイデン政権後期に旧型のH800も輸出禁止となったが、ディープシークはシンガポールから迂回輸入していた。

中国の若者が彗星《すいせい》の如く現れたことになり、わずか2カ月で、投資金額がたったの8億円で、しかも時代遅れの、しょっぽいＧＰＵを使ってメタやグーグルに並ぶＡＩソフトを発表し、業界を震撼《しんかん》させたわけだ。しかしディープシークはＨ８００を２０００から３０００台使っており、投資総額は１５０億円になる。投資額8億円というのは学習時間のことで、全体コストを故意に計算に入れていないカラクリがある。

梁文鋒という中国の若者が設立したばかりの企業モデルはオープンＡＩやＭＥＴＡの強力な競合相手として急速に認知され、いきなり最高評価を受けた。まさに「ＡＩチャイナ・ショック」である。

筆者は思わず、〝「ディープステート」から「ディープシーク」〟と惹句《じゃっく》を思いついた。だが真相が明らかになり結果的には「大津波」とはいえず、「竜巻」ていどだった。

梁文鋒は中国の広東省生まれ。浙江大学でソフトウェア工学と人工知能を専攻し２００8年からクオンツ投資の研究を開始した。発明家というより、彼は起業家でもあり、投資ファンド「幻方量化」を設立している。

まさに梁文鋒のビジネスモデルはイーロン・マスク型である。

この「幻方量化《げんほうりょうか》」ファンドの運用資産は2兆円前後に膨らんで、中国のファンドでは「四天王」の一つとなった。政治的なことを差し控えるが、開発は自由なのである。こうした経過をたどってディープシーク（「深度求索」）を設立し、多言語アプリの研究に特化した。

同日、皮肉にもホワイトハウスではオープンＡＩのアルトマン、オラクルのエリクソン、そしてソフトバンクグループの孫正義の３人がトランプ大統領と一緒に記者会見し、ＡＩ投資に５００億ドルを投じると明るい展望を語ったばかりだった。このプロジェクトは「スターゲイト」と呼ばれ、究極的には総額５０００億ドルのプロジェクトになるとか。

メタ・プラットフォームズのＣＥＯマーク・ザッカーバーグは、メタがルイジアナ州に建設中のデータセンターがマンハッタンの大部分を占めるほどの規模になると述べ、25年には最大６５０億ドルを投資する予定だと発言した。

トランプ大統領は「安いことは良いこと。これは米国半導体業界に対しての目覚まし時計。競争が激化することは良いことだ」と楽観的なコメントを出した。

台湾はすぐにディープシークを禁止し、韓国も続いた。すでに米海軍は「潜在的なセキュリティと倫理上の懸念」を理由に、中国のＡＩプラットフォーム「ディープシーク」の使用を避けるよう軍人に指示していた。当該プラットフォームを「業務関連のタスクや個人的に使用しないよう、いかなる立場でもダウンロード、インストール、使用を避けるように」と警告していた。

株式市場のショックは大きかった。エヌビディア、ＴＳＭＣ、ブロードコム株が下落し、日本株でもエヌビディアに半導体検査装置を供給するアドバンテスト株が９％安、ソフトバンクが8％安、東京エレクトロンが5％安などとなった。世界一の半導体装置メーカーASML株がおよそ10％下落、半導体設計大手アーム社の株も下げた。

これらを受けて米国商務省がディープシークのアプリを削除し、米国でダウンロードを規制する政策を打ち出す方向になる。

「これは既存メーカーの終わりを意味しない。むしろAI分野に新たな機会をもたらす可能性がある」と楽観的なトランプ大統領と同様にインテルのゲルシンガー前CEOも「市場の反応は間違っていた。わたしは下落した株を安値で買い増しできた」。

いずれにせよ「競争が激化すると、大手テック企業と投資家が期待する寡占のような利益率を生み出すことが難しくなるだろう」（ウォールストリートジャーナル、1月28日）。

ディープシークの成功は、中国が米国とオランダから先進的なチップを入手するのを阻止するというバイデン前米政権の戦略が失敗だったことを意味する。

一晩で暗転。西側は「国家安全保障」で警戒へ

米ブルームバーグ通信は「ディープシークの関係者が対話型AIサービス『チャットGPT』を開発したオープンAI社からデータを不正に入手した可能性がある」と報じた（1

月28日）

オープンＡＩとマイクロソフトが共同で調査に着手した。ディープシークの関係者とみられる人物が大量のデータを盗み出し、マイクロソフトのセキュリティ担当者がオープンＡＩに通知した。

トランプ政権でＡＩ分野の政策責任者デビッド・サックスは、「ディープシークがオープンＡＩから技術やデータを盗み、自社のＡＩモデルの開発に悪用した」と示唆した。「ＡＩモデルが別のモデルから学習するこのプロセスは、『知識蒸留』という」と述べたが、婉曲《えんきょく》な表現の〝蒸留〟とは、オープンＡＩからデータを盗取したことではないのか？

「ディープシークがここで行ったことは、オープンＡＩのモデルから知識を〝抽出〟したことだという確固たる証拠がある」とサックスは語った。

「今後数カ月で見られることの一つは、我が国の大手ＡＩ企業が抽出を阻止する措置を講じることだ。そうすれば、こうした模倣モデルの一部は間違いなく減速する」

オープンＡＩ社も「中国企業やその他の企業は米国の大手ＡＩ企業のモデルを抽出しようと絶えず試みている」と述べた。

レビット大統領報道官は「安全保障上の影響をホワイトハウスの国家安全保障会議が調査している」と明らかにしたように米当局は「ディープシーク」の国家安全保障への影響

の調査に乗り出した。

盗まれたあとになって、オープンＡＩは技術が盗まれない防御態勢を検討し始め、機密を守るため、「米国政府と緊密に協力することが極めて重要だ」と発言した。

株式市場での乱高下は数日で落ち着きを取り戻した。


ＡＩによる発明を「特許とは認めない」とする判決が出た。

２０２５年1月30日、知財高裁は「ＡＩ開発者側を敗訴とした一審・東京地裁判決（24年5月）を支持し、控訴を棄却」するとした。清水響裁判長は「発明者は人に限られる」と判断した。

この訴訟は米国在住の科学者が開発したＡＩ「ダバス」が〝発明〟した特許にかかわる係争。人が関与せずに自律して作動をするＡＩによるものだから「ダバスが発明者」だとして２０２０年8月に2件の特許取得を求めていた。知財高裁判決で、特許出願手続は「発明者が人である」ことを前提としており、それ以外を発明者として特許を付与するという規定もない、特許を受けられる発明は人が発明者である場合に限られるとした。

この解釈を援用すると、生成ＡＩ、チャットＧＰＴでつくった小説や詩などは当然、創作とは認められないことになる。すでに中国ではＡＩでつくった小説が何かの文学賞佳作に入選したというニュースがあった。
インドでも世界が注目する裁判がある。
マイクロソフトが支援するオープンＡＩはインドの著作権訴訟に、億万長者のゴータム・アダニやムケシュ・アンバニを含むインド最大手のメディア組織が参加するのを阻止しようとした。テクノロジー企業が自分たちの著作物を許可やライセンスなしに人工知能サービスの訓練に利用したとして著者、報道機関、ミュージシャンらに対する訴訟を審理中である。インドは、ユーザー数で見ると米国に次ぐ大きな市場である。インドでは24年に地元通信社ＡＮＩが訴訟を起こし、アダニとアンバニが所有する出版社や10社近くのデジタルメディアが、訴訟に加わろうとしていた。オープンＡＩは提出書類の中で、「チャットＧＰＴサービスは公開情報を発信するだけだ」として、書籍出版社の訴訟を却下するよう求めている
一方、オープンＡＩ、オラクル、ソフトバンクグループがトランプ大統領とともに記者会見し、５０００億ドルもの開発プロジェクト構想を語ったが、ソフトバンクグループは、オープンＡＩに対して３兆８０００億円を追加投資するとした。するとイーロン・マスクが９７４億ドルでオープンＡＩ買収の意欲を示し、アルトマンが「ノーサンキュウ」と言った。

中国のＡＩ企業「ディープシーク」が開発コストをかけずに新型モデルを発表した「事件」はシリコンバレーとウォール街を震撼させたことは事実で、爾来、業界は「オープンＡＩ」からデータを盗んだとして非難している。

中国のディープシークＣＥＯの梁文鋒自身は「米中の違いは何かと言えば、オリジナルと模倣の違いだ」と自ら欠陥を認めている（日本経済新聞1月31日）。

さてディープシークに天安門事件を訊ねると、回答をはぐらかしたが、インドでも領土係争のアルナーチャル・プラデーシュ州問題については回答を拒否した。

「ディープシークのＡＩは〝トロイの木馬〟のように機能し、地政学的な問題に対する北京の公式見解を押し付け、ユーザーデータを巧妙に収集する可能性がある」（『ザ・タイムズ・オブ・インディア』２０２５年1月31日）

数百の世界の企業や政府機関が従業員や職員の利用の制限に動いている。ＡＩ利用による中国政府への情報漏れやプライバシー侵害への懸念が背景にある。ブルームバーグによると、米西部カリフォルニア州に本社を置く米サイバーセキュリティー企業アーミスは、政府関連を中心に、数百社がディープシークの利用を制限する取り組みを進めていると伝えた。同社の顧客の7割方が制限を望んでいるという。

また別の米サイバーセキュリティー企業のネットスコープは、顧客の大半がネットやアプリを通じたディープシークの接続制限を望み、すでに約52%がサイトへの接続を遮断した。

オーストラリアの産業科学大臣エド・フシックは「ディープシーク」に対するプライバシーの懸念を表明し、ダウンロードする前によく考えるようユーザーに促した。「品質、消費者の嗜好《しこう》、データ、プライバシー管理など、時間内に答えを出さなければならない疑問がたくさんある」

フシック大臣は、「ユーザーのプライバシーとデータ管理に関して中国企業は西側のライバル企業と異なる。中国人は非常によく機能する製品を開発するのが得意だ。その市場はデータとプライバシーに関する彼らのアプローチに慣れている。プライバシーやデータ管理に関して消費者の期待が異なる市場に輸出した瞬間、それらの製品が同じように受け入れられるかどうかが問題になる。注意が必要だ」と述べた。

すでにオーストラリアは2018年、国家安全保障上の懸念を理由に、中国の通信機器大手、華為技術（ファーウェイ）を国内のネットワークから排除している。

イタリアもアプリストアからディープシークのアプリを削除した。

となると問題は日本である。我が国の法律でディープシークを規制できるものはない。

「個人情報保護法」「電気事業法」の適用範疇《はんちゅう》にはなく、現時点では「中国で個人情報が監視されている」と警告を発するだけである。

日本のメディアだけを読んでいると、ディープシークの問題の本質は把握しにくく、株価が暴騰したとか下落したとかのカネの動きレベルでのみ議論しているのは問題である。「国家安全保障」の観点が抜け落ちているからだ。

ディープシークの若き起業家、梁文鋒が三日天下に終わるか、本当に英雄と仰がれ、「中国のアルトマン」と呼ばれるかは、これからである。

「チャイナ・ルネッサンス」(華興資本)CEOの包凡は何処へ消えたか?

アリババCEOだった馬雲(ジャック・マー)は金融子会社「アント」の上場を目指していた。

市場で340億ドルをかき集める予定だったが、「デジタル人民元」を準備中だった中国共産党はこの動きを警戒した。上場直前に共産党は「延期」を命じた。アントは馬雲の手を離れた。馬雲は孫正義などと並んでトランプとも会合するなど〝世界の顔〟だから中国共産党も拘束を控えた。

2021年4月にアリババは3000億円の罰金を科せられた。この金額は2019年のアリババの国内売上高の4％に相当し、中国で過去最大の独禁法違反となった。

驚くなかれ、中国にも独禁法があるのだ。ただし法治国家ではなく匪賊《ひぞく》社会の人治国家ゆえに共産党のそのときの都合で運用する。

馬雲は習近平の怒りに触れたというのが裏の真実であろう。孫正義とも非常に親しい関係だったが、孫正義はその後、アリババ全株を手放した。

杭州の英語教師だった馬雲は異例のあたりを取ったものの、共産党から狙い撃ちされ、失望した。そこで馬雲は世界放浪の旅に出た。欧州で食品開発のラボを訪れ、日本では近畿大学のマグロ養殖プラントに異常な興味を示した。アリババは事実上の中国共産党管理下に置かれ、中国におけるアントレプレナー（起業家）の限界が分かった。

「江沢民派の財布」と言われた肖建華《しょうけんか》（明天証券グループ代表）は香港の豪華ホテル「フォーシーズンズ」でボディガードに囲まれて暮らしていた。2017年のある日、突然、中国からやってきた公安部隊に拉致され、数カ月して北京で拘束されていたことが分かった。懲役13年がくだされ、刑務所暮らしとなった。

肖建華は中国株式インサイダー取引の黒幕だった。兄貴分が米国へ逃れた郭文貴《かくぶんき》だ。彼は米国でユーチューブ局を立ち上げ、さかんに習近平の金銭スキャンダルを暴露していたが、根拠のない話が多く、そのうち投資家を募ったファンドの詐欺罪で逮捕された。

ことほど左様に皆が杜子春のごとくだ。

前節でも触れたが、大連実徳集団CEOの徐明《じょめい》は習近平の政敵だった薄熙来と、薄が大連市長時代から親しく、息子の英国留学の胴元になり、政治コネでビジネスを広げた。一時は破竹の勢いを見せ、プライベートジェット機に有名女優を乗せて薄のもとに届けたとか（名前が出たのはチャン・ツィイーやファン・ビンビンなど。両名ともに否定）、真偽のほどを確認できない噂が多かった。徐は薄失脚と同時に拘束され、刑務所で怪死を遂げた。

辛辣《しんらつ》な共産党批判で知られ、「任大砲」とも「中国のトランプ」とも呼ばれた任志強《にんしきょう》は「華遠地産」のCEOでもあり、「中国の不動産王」と言われた。汚職撲滅で辣腕を振るっていた王岐山と親しかったので図に乗って習近平批判も展開した。

不動産価格の高騰が社会問題化すると、「貧乏人が家を買おうなどと考えるから不満が出る」、株価が高騰すると「学生が株を買うなんて100年早い」とこっぴどく批判した。

王岐山が海南集団の不正事件発覚で政治的影響力を失うと、任志強も拘束され懲役18年の刑を喰《く》らった。王岐山の政治力をもってしても庇《かば》えなかった。

中国社会科学院の経済研究所前副所長朱恒鵬《しゅこうほう》が突如、拘束され、解任された。彼は習近平国家主席の経済政策を批判したため、公の場から姿を消した。朱は中国の通信アプリ微信（ウィチャット）のグループチャットで中国経済の低迷についてコメントし、習を暗に批判していた。

2023年に世界の経済誌を騒がせたのは中国人チャオ・チャンポン（趙長鵬）が2020年に上海で設立した暗号通貨取引のプラットフォーム「バイナンス」の大がかりな不正取引だった。

他の金融商品などを扱い、アリペイやウィチャットペイ等でも支払いができるため、商いは急展開した。なにしろ暗号通貨市場は100兆円にもなろうと予測されていた。当時、暗号通貨ビットコインは世界の80％を中国人が購入し、資産の海外移転を進めた。これを危惧した共産党は唐突に暗号通貨取引を規制した。

つぎにバイナンスが目をつけたのは世界の悪党たちがマネーロンダリングに活用することだった。初期に180カ国12万人のユーザーはたちまちにして世界で1・5億人のユーザーに膨れていた。ユーザー数で言えば、TikTokに迫る。

バイナンスは中国国内の規制が強くなってシンガポール、ドバイ、マルタなどへ移動し、本社登記地を曖昧《あいまい》にしつつ、暗号通貨取引を展開、テロリスト、イラン、シリア、ハマスなどが活用した。この管理体制の杜撰《ずさん》さが犯罪を助長した。このためバイナンスは米司法省から提訴され、趙長鵬は禁固4カ月、個人での罰金が5000万ドル、くわえてバイナンスCEOの辞任だった。バイナンスには6400億円の罰金が科せられた。

一時、世界の経済誌をにぎわせた「チャイナ・ルネッサンス」（華興資本）CEO包凡《バオフォン》も視界から消えた。

2023年2月に突如失踪し、世界中が大騒ぎとなった。彼は中国初の本格的なインベストバンクを創設し、急成長のテンセント、JD（京東）コム、滴滴（DiDi）などの金融面を支援して国際金融界が注目した。CEOの包凡は上海生まれで地元の高校から復旦《ふったん》大学を卒業後に渡米し、JPモルガン、クレディスイスで腕を磨きこんだ。ロンドン、NYC、香港において国際金融に辣腕ぶりを発揮し、200年に「チャイナ・ルネッサンス」を設立した。

行方不明なのに1年後の24年2月にCEO辞任を（獄中から？）表明し、現在は別の経営陣が同社を運営している。

テンセントの馬化騰《ばかとう》（ポニー・マー）は一時的に世界ランキング入りしてアップル、グーグル、アマゾン、マイクロソフトと並んだ。テンセントは２００４年に香港株式市場に上場、17年にはセガや任天堂とも提携し、２０１１年には「テンセントＪＡＰＡＮ」を設立した。株価は急騰し続け、ピークは２０２１年２月11日の７１９・23香港ドル。24年８月13日は３７８・６香港ドル。馬化騰は共産党海南省幹部だった父の関係で、全人代代表にも選ばれた。党の遣《や》り方をよく心得ている。

２０２４年下半期、テンセントＣＥＯは中国富豪番付トップに返り咲いた。

ドローン世界一ＤＪＩの実相

ドローン世界一のＤＪＩ（大疆創新科技有限公司）は、広東省深圳市に本社を置き、生成用ドローン（マルチコプター）や関連機器を製造、世界的に知られている。ともかく安い上、世界で最初に同時中継カメラを搭載した。

いまやシェアは72％。海外旅行やユーチューバーでパノラマのような映像、空からの撮影場面も大概がこのＤＪＩドローンを使っている。

ＣＥＯは弱冠45歳の汪滔。浙江省杭州生まれで香港科技大学卒業。幼い頃からヘリコプターに尋常ならざる興味を持って育った（それにしてもアリババの馬雲も、ディープシークの梁文鋒も、このDJIの汪滔も同じ杭州というのは偶然の一致なのか）。

DJIが「勇名」を馳《は》せたのは2015年1月、ホワイトハウスにこのドローンが侵入していた事件だった。ついで同年4月、日本の首相官邸無人機落下事件でもDJIのドローンが使用されていた。

このため皇居から首相官邸をGPSでの飛行禁止空域とした。日本はこの件を受けてドローン規制法が整備され、警視庁はDJIのドローンを改造してドローンを網で捕獲する無人航空機対処部隊を発足させた。

DJIはドローン関連技術の特許出願件数でも世界一、日本勢を寄せつけない。

DJIは未上場なので企業情報はすべて公開されてはおらず企業価値は150億ドル強と見積もられている。また汪滔のプロフィールも謎が多く、その正体は不明な点が多い。性格的に厳密、徹底主義なところがあって米国のパートナーとは喧嘩《けんか》別れとなり訴訟合戦を展開したこともあった。

恒大集団の許家印《きょかいん》は小さな建売住宅業から成り上がり、中国第2位の不動産王となった。努力もあるが、不動産投資ブームに便乗できた強運にめぐまれたのだ。バブルで不動産開発ブームに火が付き、中国280都市に1300プロジェクト、テーマパークから果てはEV生産に乗り出した。ほとんどのビジネス雑誌や経済誌に毎日のように許家印の写真が出た。不動産王となれば「中国のトランプ」だが、没落も早かった。

不況がやってきて2021年に外貨建て社債をデフォルトさせてしまった。1社だけで負債が45兆円弱！　日本の防衛予算の6倍にあたる。

開発デベロッパー業界のトップだった「碧桂園《へきけいえん》」もドル建て社債がデフォルトとなった。同社はマレーシアとシンガポールに挟まれた海上に人工島を造成し「フォレストシティ」と称し、豪華ホテル、高層マンション、ショッピングモールなどを建てた。中国人富裕層を当て込んだが、20％も埋まらず夜は幽霊屋敷のような静けさとなる。

「フォレストシティはオランウータンの森に」とマハティール首相（当時）が露骨に批判していた。

万科、世茂集団ほかの大手不動産も恒大集団や碧桂園と同様な悲哀を体験し、中国の不動産価格暴落へといたる。

万科集団は25年1月27日になって不動産契約が激減したため最終損益が450億元（9000億円）の赤字になったと発表し、経営トップは辞任した。

かくして中国の異常だった不動産投機ブームは〝突然死〟を迎え、人類史空前のバブルとなった。

2023年12月6日、権威ある格付け機関のムーディズが中国投資を「安定的」から「ネガティブ」に格下げし、投資家、金融業界に衝撃を運んだ。

「投資不適格」の烙印を押したわけで、株、債券市場は一斉に下げた。三大格付け機関といわれるほかの2社（フィッチ、S&P）も格付けを下げた。

ムーディズが格下げと決定した切っ掛けは2023年10月に中国が1兆元（20兆円）の国債を発行したからだ。理由を「長期的安定の展望が薄く、地方政府の負債がかさみ、経済の中枢だった不動産業界は暗くおおわれている」とした。その通りである。

第一に財政・経済に下振れリスクがある。

第二に地方政府の土地使用許認可権の喪失は「融資平台」（地方政府主導の第三セクター的な金融投資機構）への支援がしにくくなったこと。ちなみにIMFの推計で融資平台の債務は66兆元（1320兆円）、中央政府が30兆元（600兆円）、地方政府40兆元（800兆円）の規模を超える。これだけでも2720兆円になって、日本のGDPのおよそ4倍強が借金というわけだ。IMFは中国に甘いので数字は極小に抑えている。筆者の見積もりはもっと多額で、25年3月現在、中国の負債総額は1京円を超えていると算定される。

第三に経済成長率の低下で、政策の予見可能性が不足しており、先行きは不透明であるとしたが、このムーディズの文言は奥歯に物の挟まったような表現である。発表後、中国株、債券市場は下落、反対にビットコインが高騰し、金価格は史上空前の高値をつけた。投資家の行動に将来への不安が表れた。ムーディズは上海支社の社員に町を歩くと危ないからと自宅テレワークを命じ、香港の社員には当面、中国へ出張しないよう勧告した。安全の理由からだ。

中国政府は株価ＰＫＯ（価格維持作戦）のため、投資家に「売るな」と強要する一方で、公的年金や社会保障基金などの約款《やっかん》を変更し、株式への投資上限を40％から70％に引き上げた。常識では考えられない無謀な措置である。株暴落となれば社員、組合員が受け取るべき年金などがゼロに近くなる。

本質を衝《つ》かれて慌てた中国は「政治的偏向だ」とムーディズに猛反発した。「ムーディズは深く研究も分析もしないで中国に対する偏見が基調にある。中国は長期的安定をほこり、『中国の次は、やはり中国』であり、その透明性、安定性、確定的成長予測の可能性から鑑みてもネガティブと呼ばれる筋合いはない」（『環球時報』、２０２３年12月7日）とする反駁《はんばく》を繰り広げた。虚勢を張った中身だが、中国が自らを「透明性、安定性、確定的成長予測の可能性」などというのは事実と逆さまである。

言葉のやりとりはともかく中国の財務バランスの不均衡ぶりは、たとえば「対外債権」であるはずの「一帯一路」プロジェクトの貸借対照表で事実上の不良債権だ。他方、国内的に財務比較を見ても、不動産業界の瓦解《がかい》により、積み上がっている債務処理が遅れ、26の地方債がデフォルト、またドル建て社債はリスケ交渉が暗礁に乗り上げ、利払いさえできない状態である。

うまく逃げおおせた女傑実業家がいる

こうした悪環境のなかでチャイナドリームを体現した中国人女性がいる。14歳で工場へ働きに出た貧しい少女が、米不動産王ドナルド・トランプや映画監督スティーブン・スピルバーグをしのぐほどの富豪になった。不動産開発大手「ＳＯＨＯ中国」の最高経営責任者（ＣＥＯ）は張欣《ちょうきん》女史。

２０１５年のランキングで張欣の資産は36億ドル。『フォーブス』は「自力で財産を築いた女性の世界ランキングで7位」とした。

ＳＯＨＯとは何か。日本で言うと大手町開発だろうか。ＮＹのＳＯＨＯは倉庫街と芸術家村だが、北京の場合は大手企業が密集するエリア、「北京の丸の内」である。彼女はこの地区の不動産、複合ビジネスビル開発を担った。ビルの壁面に「SOHO中国」のロゴを見かけた読者は多いだろう。「中国の森ビル」とも言える。

バブル時代のSOHO地区に何回か行って食事をしたことがある。とくに日本料亭が殷《いん》賑《しん》をきわめ、治安もよく夜中まで安心して飲めた。このときの飲み仲間は近藤大介（講談社北京副社長）や矢板明夫（産経新聞北京支局）、福島香織（同）らチャイナウォッチャーばかり。SOHOは18カ所のプロジェクトを手掛け、上海にも進出を果たした。

好況を極めた市況の激変はコロナ禍が間接的な原因である。都心の空室率が4割を超えた。22年には赤字転落となった。しかし不動産バブル破綻を見越していたかのように張欣夫妻はすでにNYに物件を購入し始めていた。そして夫妻揃ってSOHO中国の経営から身を引き、さっと米国へ移住した。表向きの理由は「慈善活動と芸術家支援」とか。ようするに先見の明があって、うまく逃げ切ったのだ。

王健林《おうけんりん》は一時期「アジア最大の富豪」（個人資産426億ドル、あの香港一の李嘉誠《りかせい》を抜いた）と称賛された。

バブル瓦解とともに130億ドルの資産を失った。王が率いる大連万達集団（ワンダ・グループ）の株価が急落したからだ。筆者はこの頃、大連の本社ビルをわざわざ撮影に行ったこともあった。それほど世界の経済ジャーナリズムも注目していたのである。なぜなら王健林はハリウッドに進出したからだ。

「大連万達商業地産」、映画館チェーンの「万達電影院線」、ホテル開発の「万達酒店発展」などの株価も連鎖して暴落、とうとう本丸のホテルチェーンや欧米で所有した映画館チェーンを売却した。結局、6000万ドルの損失につながった。商業地産と電影院線は上場したばかりだった。王健林は軍に16年間勤務したあと、万達集団を設立し、折からの中国高度成長の時代に不動産や娯楽分野の事業を幅広く、次々と展開してきた。

中国版『フォーブス』の胡潤《こじゅん》研究院が恒例の2023年の中国富豪番付では碧桂園CEOも恒大集団CEOも落馬し、それぞれが5位と3位から86位と268位へ転落となった。

中国不動産王たちの夢は儚《はかな》く消えた。

中国最大級の投資ファンド「中植企業集団」が債務危機に陥っていた実態が露呈したのは23年8月だった。

同年8月16日に開催した投資家を対象の「説明会」で中植側は「流動性危機」に直面しており、「債務の再編」をおこなう予定と説明した。中植への投資家はおよそ15万人、個人投資家が多い。目先の金利に釣られて欺された連中だ。

説明会での語彙《ごい》がそもそも誤魔化しである。「流動性の危機」とは、要するに手元資金がパンクしていることであり、高利の闇資金等の調達も難しいという悲惨な状況を別の表現をしているだけ。「債務の再編」とは投資家にお金返せないという婉曲《えんきょく》表現だ。

中植集団は1社だけで1兆元（20兆円）以上の資産を運用し「シャドー・バンキングの王様」といわれた。この中植集団に類いする資産運用会社は信託・理財商品部門を通じてシャドー・バンキングの高利回り投資商品（「理財商品」とか意味不明の言葉を使った）を販売して資金を調達してきた。

２０２３年11月23日になって中植企業集団の債務超過が邦貨換算で４兆６０００億円であることが判明し、幹部ら数名が拘束された。その後、債務超過額は増え、５兆４０００億円に上ることが判明した。

中国の民間企業、中小企業はまともな銀行から融資を受けられないから高利を知りながらもシャドー・バンキングに頼る。したがってノンバンク系が総融資量の４割近くを占めていた。ちなみに23年上半期の総融資残高は銀行系が２３０兆元（約４６００兆円）、ノンバンク系が１３４兆元（２６８０兆円）で、ノンバンク系の比重は相当に高い。ノンバンク系の融資額だけでも中国のＧＤＰより多い。

金融危機の悲惨な一面が中植集団の債務超過で露わになった。

しかも日本に連動する。つまり日本の低金利のカネがキャリートレードでオフショア市場に持ち出され、ドルに転換され、それが中国へ向かっていたのだ。

田村秀男〈産経新聞コラムニスト〉の分析によれば、日銀前総裁が異次元金融緩和政策に踏み出し消費税の大型増税を実行させた結果、デフレ圧力を招き入れ、マイナス金利政策に追い込まれたと分析した。これによりマイナス金利付きの日銀資金が海外に流れ出した。それが中国への資金流入となり、とどのつまり日本の消費税増税に伴うデフレが背景のマイナス金利が国際金融市場を潤すとともに中国経済を救ったのである。

バベルの塔はなぜ崩壊したか

聖書に書かれた「バベルの塔」は天にも届こうかという巨大な塔だった。

神話ではなく、現実に紀元前6世紀にバビロンに建てられた神殿の聖塔〈脱線だが1988年にイラク政府主催のアラブ平和会議に招かれた折、日本ペンクラブ代表として出席していた越智通雄〈明治大学教授＝当時〉と一緒にバビロンの跡地を見に行った。考古学を無視し遺跡の上にレンガを組んでレプリカを造成していたのには驚かされた〉。

バベルの塔の高さが神の領域に及ぼうとしたため神は高層の塔を破壊した。

バベルの塔の物語は『旧約聖書』の「創世記」11章に書かれ、神は降臨し、「人間は言葉が同じなため、このような大それた建築を始めた。人々の言語を乱し、通じない違う言葉を話させるよう」。同一の言語は瞬時に喪失され、塔は崩れ、人間たちは世界各地へ散らばった。

この破壊と大混乱の場面はハリウッド映画『天地創造』(1966年、音楽は黛敏郎だった)でも巨大な絵巻物のように描かれ、16世紀の画家ブリューゲルが絵画としたので世界中に広まった。

「中国のバベルの塔」(不動産バブル破綻)の崩壊は数年前から始まった。

中国一の「金持ち村」と喧伝された華西村は72階建ての高層ビルを建ててロビー入り口に1トンの金塊で制作した神馬を置いた。バブル経済が破綻し、華西村の多くの村営企業は倒産し、負債総額は8兆円になった。

百万人の幽霊都市を造成したのは内モンゴル自治区オルダス郊外のカンバシ新区だった。全米有数の週刊誌『TIME』が写真特集したので、筆者もすぐに撮影に行った。北京からフフホトへ飛び、鉄道でパオトウへ、そこから長距離バスでオルダスへ南下し、ここでタクシーをチャーターして撮影に行ったのだが、中国の奥地に、本当に百万都市ができていた。区役所前に神馬の巨大なオブジェ。最高級ホテル。まわりは高層マンションの列。そして百万都市の住民は数千人、中国全土から〝見学〟に来る人のほうが多く、ホテルだけが満員だった。クルマのナンバーで分かった。日本のテレビが2023年になって近況を撮影したが、筆者が見たゴーストタウンと十数年の時間をおいても変わらず、しかし建物が錆びついたように見えた。

貴州省の五十万人都市はゴーストタウン（鬼城）となって高層マンション10棟を爆破解体した。その衝撃の映像を見た人も多いだろう。

中国全土で工事が中断され、出稼ぎ労働者は賃金をもらえずゴーストタウンのホームレスとなるか、田舎へ帰った。土地を売った人々は、立ち退き補償金でマンションと交換だった。ところが電気もガスも水道も止まり、「おれたちは欺されたんだ」と悲鳴を上げた。つくりすぎた高層ビル、タワマン、巨大ショッピングモール。テナントが埋まらない。客が来ない。まさにバベルの塔である。世界一の高層ビルはドバイのブルジュハリファ（828メートル）。物好きな筆者もドバイに旅行したときにわざわざ登ったことがあるが、記念写真が25ドルもした。

世界2位はクアラルンプールに立つ「ムルデカ118」。3位が上海の「上海センター」（632メートル。4位はサウジアラビアの「メッカ・ロイヤル・クロック・タワー」（601メートル）。5位に中国深圳の「平安国際金融中心」。6位にソウルのロッテワールドタワー、台北の「台北101」は11位である（後者二つには筆者も登った）。かくして世界の超高層ビル50傑のうち、じつに半分が中国。トランプタワー（シカゴ）は423メートルで世界31位でしかない。ちなみに2023年12月時点で、日本一の「麻布台ヒルズ森JPタワー」は385メートルで世界131位、あべのハルカスは216位と日本の出番はまったくない。

中国各地の高層ビル乱立、上海や北京、広州など摩天楼の谷間に歩行者はいても問題はテナントが埋まらず、レストランもショップも客足がまばら、ビルそのものが鬼城。分かりやすい日本語でいう「お化け屋敷」となった。家賃を下げても入居、入店がない。新幹線や地下鉄の新駅もゴースト・ステーション。となると、この先どうなるのかは想像にお任せ。

こうした中国に米国はどう出るのか？

「中国共産党と中国人民とは区別し、われわれは自由を望む中国人民の味方である」という考え方はポンペオ国務長官（当時）が2020年にニクソン・ライブラリーで行った講演の基調となった。

「トランプ政権が復活すれば、国家安全保障担当の大統領補佐官に有力なのはエルブリッジ・コルビー（現国防次官）だろう」と下馬評が立った。コルビーは台湾防衛に関しては最後まで曖昧とするのが賢明であって、トランプの本質にある考え方は孤立主義に近い。コルビーや副大統領となったJ・D・バンスの考え方は「優先順位対応型」と解釈される。つまり他国の「小さな戦争」には極力介入しない（だからウクライナはさっさと停戦に持ち込む）。しかし『MAGA』（メイク・アメリカ・グレート・アゲイン）とは米国覇権優先でもあるから中国との対決は辞せずとする考え方である。

この点では地政学的安全保障の専門家たち、たとえばマット・ポッティンジャーやマイク・ギャラガーの考え方とは違いがある。ポッティンジャーは、24年8月にも台湾を訪問し、頼清徳《らいせいとく》総統と会見した。80年代に主流だった「中国は経済的に豊かになれば民主化する」という甘い考え方は、中国の表層だけを観察してきたキッシンジャー等の地政学優先思考にもとづく米国の戦略だった。いまは、そのような考えを示す政治家は稀となった。

2024年8月20日の民主党大会で採択された政策要綱には中国への対応に言及し、こう言っている。

「中国による不正な経済慣行に立ちむかい、競争に打ち克つ。中国との経済的なデカップリング（分断）ではなく、経済関係の多様化などのデリスキング（リスク軽減）をはかる」

当時、カマラ・ハリスの副大統領候補に指名されたウォルツ知事は中国滞在経験と30回もの中国旅行に及んだ親中派であり、(ウォルツは中国語ができる) 多くの学生を連れて行った。この点で保守陣営はウォルツ知事を危険視したものである。

「ゾンビ経済」の実態

中国を高く評価してきたエコノミストや経済学者は沈黙しがちとなった。

あの貧困にあえいでいた極貧国家・中国をどん底から引き上げたのは日本の無償援助だった。ついで大々的な投資、中国経済の大躍進を支えてきたのは日本である。無自覚的に、世界の工場だと信じ、深く考えることなく進出し、大損をしたばかりか、撤退を決めたはずの日本企業がまだ中国に踏みとどまっている。このような末期がんのような決断のなさは、合弁の契約の罠《わな》にはまり、撤退しようにも、資金を持って帰れず、投資がすべてパアになるからだ。おまけに撤退姿勢に入るとアステラス製薬社員のようにスパイの濡れ衣を着せられて逮捕される。

こうした中国企業を采配しているのは西側のように経営者と株主ではない。党の書記が社長より偉いし、人事権を握っている。民間企業にも社内に共産党細胞をつくれと命令が出た。つまり『一企業二制度』だ（田村秀男『中国経済崩壊、そして日本は甦る』ワニブックス）。「土地とカネ（資本、金融）を中国共産党という独裁権力が支配し、その配分を決めている」という。

そのため資本主義の原理原則からは遠い、異質のシステムが、中国経済をきわめつきにユニークな構造とした。

倒産しているのに恒大集団も碧桂園も潰れない。碧桂園にＪＰモルガン・チェースが、香港市場で株式を買い増ししている。モルガンＣＥＯのジェイムズ・ダイモンは有名な親中派だ。

「ただ親中だけで巨額の損失をかかえている企業の株式を買い増すはずがない。そこには米国政府による何らかの働きかけがあったはずである」（田村前掲書）

中国の銀行は不良債権を誤魔化している。

なにせ、国家統計局はＧＤＰ水増し３割が常識だから驚くことではないが、真相は危機的な状況というより絶望の淵にあって、死ぬ一歩手前ではなくすでに死んでいるのだ。

ところがどっこい、まだ恒大集団などは延命しているわけだからゾンビだ。中国経済の隆盛は日本のカネと技術、昨今はキャリートレードという日本のマネーであり、日本経済は停滞中なのに日本は他国の繁栄を助け自らを貧しくした。日銀と財務省の政策的誤謬《ごびゅう》である。円キャリートレードとは低金利で円安の日本円をごっそり借りて、ウォール街のファンドとなり、それがドルに化けて中国に投資されているからだ。

ドル本位制が実態の人民元は、米ドルの裏付けがあって輪転機を回し人民元を発行する。一時は中国人民銀行にドルがうなって通貨発行量の１２０％もあった。ところが現在は60％である。

人民元は暴落のリスクを抱えており、あまつさえトランプの持つリーサルウェポン（最終兵器）は、米ドルと香港ドルとの交換停止である。中国経済を壊滅させる経済的な武器である。

「中国の国有商業銀行との取引禁止、米銀による融資の禁止、外貨取引の禁止、ドル決済の金利、貿易決済の禁止、米国内の資産凍結、米国からの投融資の制限など、米国の対中武器は基軸通貨ドル」だからである（前掲田村と筆者の共著『金融大波乱』徳間書店も参照）。

これらの方法はロシアに対して米国が実施してロシア経済を締め上げた。しかしなおプーチンが高笑いを続けているのは中国が陰に陽にモスクワを助けているからである。

トランプがこの最終兵器を使うかどうか。なにしろ彼はブラフの名人である。

この章をまとめるにあたって筆者はダライラマ法王の次の箴言《しんげん》を思い出した。

法王はかく言われている。
「物質主義社会では、お金と権力があれば、友人が沢山いるようにみえます。しかし、彼らはあなたの友人ではなく、あなたのお金と権力の友人なのです。あなたが富と影響力をうしなったとき、彼らを見つけ出すのは難しいでしょう」(『ダライラマの智恵』ハート出版)
この比喩で浮かぶのは、第一章にも書いた芥川龍之介の「杜子春」だった。

第四章

ニューフェイスのビリオネアたちとグローバリズム

中国大富豪トップはミネラルウォーターの「ワハハ」

直近のランキングで中国一の大富豪はテンセントを抜いて、「ワハハ」のCEOに輝いた。ワハハはミネラルウォーターのブランド名だ。

アリババ、テンセント、碧桂園《へきけいえん》など過去のトップの顔ぶれがめまぐるしく変わる。トップの継続的確保は難しいが、ワハハの大富豪ランキングにおけるトップはこれで4回目。2024年8月にはPDD（傘下にTemu）のコーリン・フォン（黄峥）が瞬間的にトップとなったが、製品にクレームが集中し株価が3割下落、トップから落馬した。

ワハハはミネラルウォーターの製造販売から出発し、加工食品、スープ、スナックなどの総合メーカーへと発展した。

その笑い飛ばすようなブランド名とともに中国では知らない人はいない。創業者の宗慶《そうけい》後《ご》は貧困から身を起こし、杭州で1997年に起業した（彼もまた杭州人脈だ）。最初は3人の町工場で、徐々にマーケットを広げた。ブランドが浸透したのはフランス「ダノン」との合弁（1996年）からだ。

宗慶後は2024年2月に死去した。後継CEOには息子たちを推す動きもあったが、けっきょく創業者の娘、宗馥莉（ケリー・ソンフーリ）が引き継ぐ。彼女は忽然《こつぜん》と出現した妖精のように中国筆頭の大富豪となる。

この宗馥莉は米国ペパーダイン大学卒（同大学はロス大火災で廃墟となった高級住宅地のすぐ西、マリブ地区にある）、帰国後アメリカ式経営とやら効率化を重視して不採算部門をばさばさと切って荒っぽい人事を進めたため社内では評判が芳《かんば》しくなかった。子供服部門にもビジネスを拡大していた。43歳、独身。ペパーダイン大学はカリフォルニア州の海岸に位置し、金持ちのお坊ちゃま、お嬢様が多い大学で日本では成蹊大学に似ている。卒業生は芸能人、スポーツ世界に進む人材が多く、ちなみに杉良太郎の息子もこの大学に学んだ。

ワハハはフランスのダノン（ＡＶＩＡＮなど）と合弁したものの、ブランド、商標権、経理の方法などで提携直後から企業風土が合わず、２００９年には合弁を解消した。契約の遵守などといっても中国企業は順法精神があるわけもないからだ。この両者の訴訟合戦はウォールストリートジャーナルが一面で報道したため国際ニュースとなった。

Ｓｈｅｉｎという新興のｅコマースがネットに登場し派手な宣伝でいきなり市場を拡大した。これは中国国内での資生堂の売れ行き不振と相関関係にある。24年決算で資生堂は１０８億円の赤字を記録し、中国のセールスレディおよそ１０００人を解雇した。化粧品の日本神話が衰退したのである。

若い世代はネットで買い物をする傾向に資生堂はあくまでも店頭販売、Ｓｈｅｉｎはいち早く適応できたということだろう。

安物衣料のネット通信販売が大ヒット、南京で女性衣料を販売していた許仰天（クリス・シュー）が創業。通販主流となったのは、コロナ禍で消費者が外出を控えたからだ。

米国で批判が集中したのはＴｅｍｕは安物の時計、衣料、靴などの通信販売。ＮＹＣロゴ入りの帽子が３６８円、ロレックスによく似た時計が１４０２円、アロハシャツが１１２８円。ネットで注文すると、発送元は中国の広東省から１週間ほどで届く（現在は世界16カ所に配送センター）。

信じられないほどの廉価のカラクリは世界市場席巻の目的で中国は補助金をつけているからだ。Ｔｅｍｕ（ＴＥＡＭ　ＵＰ、ＰＲＩＣＥ　ＤＯＷＮ）はグーグル、インスタグラムなどで派手な広告を打ち続け、アマゾンを猛追。中国のシェアはアリババ、ＪＤコム（京東）につづく三位。

韓国はオンラインショッピングの女性用アクセサリーなどの有害物質が含まれており、中国企業はアパレル、アクセサリーを低価格で通販しているが、許容レベルをはるかに超える有毒物質が含まれ、とくにＴｅｍｕの１４４の製品が検査され、すべての企業の複数の製品が法的基準を満たしていなかった。

Ｓｈｅｉｎの靴には化学物質フタル酸エステルが基準の３倍だった。フタル酸エステル系可塑剤《かそざい》は精子数の減少など生殖機能に影響を及ぼし、不妊症や早産を引き起こす可能性がある。化学物質ホルムアルデヒドがＳｈｅｉｎの帽子から２倍の濃度で検出された。Ｓｈｅｉｎのマニキュアに肝障害を引き起こす可能性がある発がん性物質ジオキサンが許容限度の３・６倍以上、メタノール濃度が許容レベルの１・４倍以上、Ｔｅｍｕのサンダルには基準の２倍の鉛が含まれていた。

米国では懸念の声が議会から上がった

米国下院情報委員会は「中国の通販Ｔｅｍｕと、その親会社（ＰＤＤ）のビジネスモデルと会社トップの人脈に怪しい点が多く、『国家安全保障と個人情報に関する懸念の高まり』を懸念する」書簡を発表した。

下院情報委員会所属の共和党議員全員が署名した書簡は、クリストファー・レイＦＢＩ長官とゲーリー・ゲンスラーＳＥＣ（銀行証券取引委員会）委員長（いずれも当時）に宛てられた。マイク・ターナー下院議員（オハイオ州選出、共和党）率いる議員らは、Ｔｅｍｕとその親会社ＰＤＤ社に「貿易、奴隷労働、国家安全保障上の懸念の可能性」があるとして警告した。理由は同社の上級幹部が中国共産党とつながりがあること。同社のトップには中国共産党の国家市場監督管理局の元高官や上海市市場監督管理局の規制部門の元職員などが含まれていることを指摘した。

グーグルはすでに23年に「マルウェアが含まれていることが判明した。彼らのアプリにはグーグルが使われていたため防御策を強制適用した」と広報担当者が述べている。

「上記の事件など多くのケースが報告されており、米国人の個人データの保護を懸念している」と下院情報委員会の議員らは書簡に記した。「議会のＴｉｋＴｏｋに対する行動と同様に、中国共産党、中国の国家安全保障法との関係を理解しなければならない」と強い警告だった。

これらの管轄はＦＢＩとＳＥＣであり、Ｔｅｍｕと親会社・ＰＤＤの調査や中国共産党との関係、マルウェアの懸念に関して両社に情報開示を要求したかどうかについての質問もしている。なにしろ１５００円台の帽子が２５０円とか、３万円はするだろうと想定される時計が２０００円とかの安値で通信販売をひろげ、日本、韓国、米国市場をまたたくまに席巻した脅威の存在である。裏があるに違いないと誰もが考えるだろう。

謎はＴｅｍｕが注文1件あたり30ドルの損失を出していると推定されるからだ。「広告費と配送コスト（中国から米国への速達配送は10日間ほど）は天文学的な額になる」と下院議会情報委員会の書簡が述べている。

スーパーボウルのゴールデンアワーには1回10億円の広告を6回打った。

行き詰まった独裁権力が次に何をするかは歴史の法則に照らせば明らかだ

事態が困窮すると中国が伝統的なすり替えをおこなう。すなわち体内矛盾を対外矛盾にすり替え国民の不満のガス抜きをはかる。

中国人の娯楽は反日映画（ほぼマンネリ、演技下手の無内容）を見て、日頃の政治の貧しさに対しての鬱憤《うっぷん》を晴らし、溜飲《りゅういん》を下げ、山のように飯をかき込み、あとは昼寝だった。

改革開放政策に移行して以後は、ある程度の国際化が実現し、日本や欧米の映画が輸入されるようになる。すると、その映像の美しさ、アクションのすさまじさ、自由な会話表現、辛辣《しんらつ》な批判の台詞に尻餅《しりもち》をついて驚いた。

――西側では権力者をぼろくそに批判してもよいのか！

1980年代の終わり頃から情報の公開がちょっぴり進んで、90年代にはハリウッド映画は新作がすぐ海賊版となり、1枚70円、100円だった。米国の映画館での盗撮である。

台湾でも街の辻で、屋台書店で、禁止されていた党外雑誌が売られても警官が取り締まらなくなった。当時、日本映画の輸入は1年に4本だった。それも小津安二郎、黒澤明などで、ならば台湾の民衆はどうしていたか。日本でビデオを購入し勝手に複製をつくり、下町へ行くとNHKの大河ドラマからプロレスまで、なんでもあった。なにしろ台湾では英米の書籍を写真製版した海賊版が出回っていて500円程度で米国のベストセラーも買えた。

このような海賊行為に対して著作権に五月蠅《うるさ》い日米欧が中国にやかましく言うと、街から海賊版は消えた。ところが通信販売という手があった。オークションのかたちにすれば、封切り映画でも精巧な海賊版が入手できる。北京の「秀水街市場」は贋物《にせもの》、模造品のデパートで、たとえば20万円のルイヴィトンが2万円とか。抗議している米国人が一番買い物にくる名所でもあった。

日本映画は「君よ憤怒の河を渉れ」が大ヒットし、「おくりびと」などが続いたが、年間12本に規制されているので最近のヒットは「ドラえもん」「クレヨンしんちゃん」「コナン」など御子様市場である。

バブル崩壊、消費激減、経済の沈滞、賃金の低下などにより、中国人は映画館に行かなくなった。いや「行けなくなった」のだ。

食費についでの娯楽費はスマホに消える。書籍を買うなんて発想はない。映画の観賞料金はシーズン、オフシーズン、時間帯などによって映画館が勝手に決める。40元（800円）から80元（1600円強）と幅広い相場である。しかし封切りにカネを使うのはもったいない、自宅で観るという若者が増えて、映画館の観客はピーク時の半分になった。最近のヒットは「逆行人生」「長津湖」、そして「海街奇譚」。いずれも基調が哀愁、派手なアクションもコメディも下火である。

「海街奇譚」という映画の粗筋は、失踪した妻を追って不思議な旅に出た男が旅先で知り合う田舎の女性教師、ダンサー、安宿の女将。それぞれが憂いをかかえ、絶望の未来を見透しながら日常を送っている。

あのエネルギッシュな中国人がそこにはいない。

「長津湖」は朝鮮戦争を舞台に中国人兵士が激戦と悲惨な状況を耐え抜くという映画、なんだか不況に耐える風潮を象徴している。

かくして最大の娯楽産業だった映画も中国ですら斜陽化の兆しが顕著になった。中国の若者はテレビゲームに熱中している。

将来の夢を語る雰囲気は希薄である。

中国人とロシア人はこれほど違う

ここで西側ならびにロシアの大富豪と中国の大富豪とをグローバリズムの観点から比較してみる。なぜなら特徴的な差違があり、国民性、その国柄が如実に理解できる観察となり有益だからだ。

ロシア人の起業家は中国人とはまったく異なる。

第一にロシア人はオリジナリティがある。第二にビジネスモデルはアメリカ式である。ロシア人は中国人と違って名誉を重んじ、羞恥心がある。プーシキン、トルストイ、ドストエフスキーは世界中で読まれている。ロシア正教の敬虔《けいけん》な信者が多い点でも無神論の中国人とは異なる。

２０２４年８月24日、ロシア人大富豪がプライベートジェット機でパリに到着したところをいきなり逮捕される一幕があった。「これはフランスの暴挙だ」と抗議の輪を広げたのはイーロン・マスク、タッカー・カールソンらで、すぐにXを通じて批判が展開されたので世界的事件となった。

暗号通信で世界中のユーザーが使っている「テレグラム」のＣＥＯが逮捕されたのだ。

テレグラムは通信の暗号化を提供するため安全性が高く、このアプリはロシア軍だけでなく一般の人々の間でも広く使用されている（25年1月10日、パリで禁足されているドゥーロフは24年決算で50億ドルの黒字となったと発表した）。なにしろミャンマーの山奥でオレオレ詐欺に加担していた日本人も、このテレグラムで闇バイトを知ったのだ。

テレグラムCEOの逮捕容疑は児童性的虐待コンテンツの配布を可能にするなどの犯罪への共犯、麻薬密売と詐欺、そして法執行機関への協力の拒否を含む。逮捕から3日後にドゥーロフは500万ユーロ（8億円）の保釈金を支払い、フランスからの出国禁止と週に2回警察署に出頭することを条件に釈放された（25年3月、ドバイへ出国）。

メッセージ送信の暗号アプリ「テレグラム」の共同創設者兼CEOのパーヴェル・ドゥーロフ（ロシア人なれどフランス、UAEなど四重国籍）はなぜ逮捕されなければならなかったのか。

ドゥーロフはアゼルバイジャンのバクーから、パリでマクロン大統領との夕食の約束のため、パリ郊外の飛行場に到着した。フランス官憲は逮捕状なしの仮条例で彼を拘束した。暗号通信が麻薬取引に遣われたことを公開しなかったとかの逮捕理由をつけた。。

テレグラムは暗号化メッセージングを提供し、ユーザーが「チャンネル」を設定してフォロワーに情報を素早く広められる。

抗議行動が世界いち早く起きたのはモスクワのフランス大使館前、ニュースを知ったモスクワ市民が「即時釈放」を求め、白い紙飛行機を仏大使館の生け垣に落とした。つまり白（言論の自由）が墜落したという意味を込めている。

タッカー・カールソンも抗議の声を上げた。カールソンは24年4月にドゥーロフを招いてインタビュー番組を制作しており「逮捕は政治的理由でしかなく、危機の兆候だ。すぐさま釈放を」と主張した。このカールソンとのインタビューのなかで、ドゥーロフは「イーロン・マスクの言論の自由を支持する」と称賛した。

ドゥーロフはサンクトペテルブルク生まれのロシア人、40歳。オープンＡＩのアルトマン、ディープシークの梁文鋒らと同世代、コスモポリタンである。

世界の億万長者に仲間入り（個人資産は１１５億ドル）。テレグラムのユーザーが世界で９億５０００万人。したがってロシア政府は自国民の安全のためにもフランスに抗議するのは当然だろうが、クレムリン関係者は「この逮捕劇の背後に米国がいる」と非難した。しかしドゥーロフはクレムリンを批判し、２０１４年にロシアを離れてドバイに移住しており本社登記もドバイだ。

ロシア国内ではインターネットで閲覧できるサイトは制限されており、旧ツイッター（現在のX）やフェイスブック、インスタグラム、一部のユーチューブなど多くのサイトへは通常つながらない。中国も同様だが、そこは政府の規制をかいくぐる腕が冴《さ》えるのがロシア人、この点では中国人と共通である。テレグラムもロシアでは一時期禁止されていた。

ロシアのネチズンは「言論の自由に対する取り締まり」「パーヴェル・ドゥーロフ氏は政治犯、西側諸国による魔女狩りの犠牲者だ」「フランスでも言論の自由は死んだ」と書き込んだ。欧米の論調は歯切れが悪い。たとえば、「言論の自由をめぐる議論となるだろう」（ニューヨークタイムズ）、「欧米とロシアとの緊張を高める」（ウォールストリートジャーナル）。

ネット空間における左翼の検閲は米国でトランプのアカウントを永久追放するなど、やりたい放題だった。映画、ラジオ、新聞、テレビの時代から情報操作の空間はネットが主舞台となって、左翼が保守の意見を封じ込めたため、トランプもカールソンも自らのネット局を立ち上げざるを得なかった。

この暗号通信の新興企業「テレグラム」の発明もふたりのロシア人。ニコライ・ドゥーロフとパーヴェル・ドゥーロフ兄弟である。最初はロシアを中心に、西欧から香港、中東に拡がり、とくに反政府の民主活動家たちが利用したので10億人のアクティブ・ユーザーがいた。「いた」と過去形で書くのはCEO逮捕以来、利用が急減したからだ。香港では当局の弾圧に抗した民主活動家たちが暗号による連絡網として駆使し、とくに米国からの支援、資金の受け皿の通信に使った。イランの反体制派もテレグラムを愛用していた。

謎だらけ、暗号通信のテレグラム

ロシア連邦政府はテレグラムに厳しい規制をかけていた。しかも2018年4月、ロシア当局はテレグラムの使用を禁止した。するとモスクワで大規模な抗議デモが起きた。対抗手段を講じたテレグラムはロシア向けサービスを継続し、ロシア政府のネット検閲に抵抗する象徴的存在とみなされた。コロナ禍が起こり、むしろ国民への情報提供ツールとして利用する公的機関が現れ、規制は形骸化した。プーチンが譲歩するかたちになった。

フランスで唐突に逮捕されたパーヴェル・ドゥーロフはメッセージを寄せた。

「フランス検察側の立場は驚くべきものだ。国がインターネットサービスに不満を持っている場合、そのサービス自体に対して訴訟を起こすのが慣例となっているが『スマートフォン以前の法律』を使って当該プラットフォーム上で第三者が犯した犯罪で我々を訴えるのは誤ったアプローチだ」

ドゥーロフは続けた。「テクノロジーを構築することは非常に困難です。ツールの潜在的な悪用に対して個人的に責任を問われる可能性があると分かっている場合、革新者は新しいツールを開発することはありません」

ドゥーロフはロシア生まれだが、2010年代後半にプーチン政権の監視とデータ提供の強要に嫌気してドバイに移住した。フランス、アラブ首長国連邦、カリブ海諸国のセントクリストファー・ネイビスの4つの国籍も持つ。フランス国籍はマクロン大統領との昼飯会で特例が認められた。ドゥーロフとともにフランスの飛行場で拘束されていた謎の美女はドバイ在住のユリア・ヴァビロヴァだった。彼女はプライベートジェットに同乗していた。3日後に釈放され、9月5日に彼女はインスタグラムにメッセージを寄せ、「私は多くの人から支援されました。多くの誤った情報が流通していますが、それは今後の話題です」と曖昧な言葉を並べた。ヴァビロヴァ女史はドゥーロフとカザフスタン、キルギスタン、アゼルバイジャンなどに同行していた。

そこでヴァビロヴァは「ハニーポット」タイプの諜報員であり、ドゥーロフをフランスに連れ出す任務を負っていたのではないかという憶測が広がった。もっとも有力な陰謀説の一つは、彼女がイスラエルのモサドのために働いていたというものだった。漫画的な発想の飛躍だが、スパイ小説ではよくあることだろう。

ことほど左様にテレグラムCEOの逮捕劇は謎だらけである。

第一に逮捕にいたる捜査は児童虐待の捜査を担当するOFMINというフランスの警察部門から始まったことである。暗号通信の過激派の運用を監視しなかったという不作為に対しての初動ではなかった。

ドゥーロフ容疑者に対する審問は、偽名を使った覆面捜査官がテレグラム上で性犯罪容疑者と接触した秘密作戦に端を発している。容疑者はオンラインメッセージで、オンラインゲームのプラットフォームで未成年の少女と接触し、その後「自作の児童ポルノ」を送るよう説得した経緯を説明した。

第二に実兄のニコライにも逮捕状が出ていることだ。捜査官らはプラットフォームの背後の人物に注目し、2024年2月、パリ検察庁の要請により、ドゥーロフと、アプリの技術インフラを担当する兄のニコライ・ドゥーロフに対する予備捜査を開始した（『ポリティコ』2024年9月6日）。

しかしニコライはロシアのサンクトペテルブルクに居住したままで外国へ出ることに興味がない。ニコライはロシア・アカデミーの数学研究所に在籍している。またテレグラムはロシア軍の通信に活用されていることがわかっており、パーヴェル・ドゥーロフは50回にわたりロシアを旅行した事実も判明している。

第三の謎はマクロン大統領との怪しい関係である。マクロンはドゥーロフとの食事会で、彼にフランス市民権を贈った。異例の措置で、しかも彼はロシア国籍を捨てていない。

『ル・モンド』によるとマクロンが大統領に就任して以来、「複数回」会っていると報じている。またマクロン大統領は10年前からテレグラムを使用しており、閣僚らから使用をやめるよう正式に要請されたにもかかわらず使い続けていた。ウォールストリートジャーナルはマクロン大統領がドゥーロフにテレグラム本社をパリに移転するよう説得し、交換条件でフランス国籍を与えたという。

フランスの思惑ははっきりしている。暗号通信のプラットフォームであるテレグラムの活用であり、憶測のなかには西側諸国がテレグラムを支配しようとしている懸念がある。なぜならロシアが異様な態度でフランスを批判しているからである。

ドゥーロフにパリのエリート層を構成する銀行家、投資家、起業家の間で友人がほとんどいない。にもかかわらず彼とマクロン大統領との関係は、マクロン大統領が就任当初、世界のテクノロジーリーダーたちにフランスへの投資を誘致するためにあらゆる努力を払っていた頃にまでさかのぼる。マクロンの執念の表れが25年2月10日からパリで開催された「AIアクション・サミット」だった。

ドゥーロフの私生活も謎が多い。少なくとも5人の子供を法的に認知している。うち2人は元パートナーだったダリア・ボンダレンコとの間に、3人はそのあとのパートナー、ボルガルとの間に生まれた。ボルガルはスイスに居住しており、またドゥーロフは精子提供により100人以上の実子をもうけたとボルガルが主張している。天才と「なんとか」

は紙一重！

捜査を進めるうちに新事実が浮かんだ。

ハマスのイスラエル奇襲から1年を閲《けみ》し、イスラエルはテレグラムを遮断した（『エルサレムポスト』2024年10月9日）。取り調べが進んでテロリストや犯罪集団、麻薬ギャングがテレグラムの暗号通信を活用していたことが明るみに出た。

テレグラムは欧州で社会問題となった。

ドイツでは右派の政治宣伝の場となったなどとされ、フランスなどではアンチ・セミティズムの主張が喧伝され、数十万のフォロワーがついた。英国で不法移民犯罪に怒りの声を上げたデモ、抗議集会はテレグラムの活用から発展した。ハマスはテレグラムを悪用し秘密軍事作戦の秘密指令、連絡に使用した。

マイクロソフトもアマゾンも独禁法の標的

じつに矛盾した動きが欧米の政治である。24年9月27日、トランプはグーグルのインターネット検索サービス表示の偏向ぶりについて、「明らかな選挙干渉」として司法省に訴追を求めた。グーグルはトランプの「悪い話ばかりを表示するシステムを活用し、他方でハリス副大統領に関しては良い話だけを公開している」とした。グーグルばかりか、フェイスブックもひどい偏向だった。

情報戦争とは狭義に解釈すれば「認知戦争」である。

共和党が多数派の下院ではアンチ中国の新法を次々と可決したが、そのなかに「中国のメール影響力に対抗する基金合法化法」があった。賛成351票、反対36票で可決され、上院に送られた。

この法は中国の認知戦争における悪影響、とくにネット空間で闘われている偽情報、攪《かく》乱《らん》陽動という情報戦に対応するために設立する基金を合法とする内容で、下院は今後5年間で16億ドルの予算を要求している。

情報戦争の現場では別の法廷戦も展開されている。グーグルはアイルランドで630億ユーロ（約8兆1840億円）もの利益を上げていたが税金を逃れていた。アイルランドでは最高税率が12・5％であり、そのうえ外国企業の投資には課税しないという取り組みで海外から投資を呼び込んできた。この税制は2020年に廃止された。グーグル海外事業拠点では457億ユーロ（約5兆9400億円）の収益を得ていたにもかかわらず2億6300万ユーロ（約341億円）しか税金を支払っていなかった。

米国にも似通ったシステムがある。バイデンの地盤デラウェア州には「デラウェア・ループホール」（抜け穴）と呼ばれる税制があって、無形の資産（商標、ライセンス契約など）の収入には税金が課せられない仕組みだ。このため多くの米企業はデラウェア州に企業登記をおこなって節税対策に活用してきた。

ＥＵ司法裁判所は9月18日、グーグルに科した約14億９０００万ユーロ（約２３００億円）の制裁金を無効とする判断を示した。

オンラインの広告市場で競合する他社の参入を阻害した行為は、独占禁止法違反として２０１９年に罰金が科されていた。ＥＵ司法裁判所の判決では参入阻害について十分に立証できていないと理由を述べた。欧州委員会はグーグルが新聞や旅行情報のサイト運営事業者に広告配信を提供するに際して独占的な条件を提示したことは問題であり、競合他社の検索広告の参入を阻害したと判断し、グーグル側が反論、提訴していた。グーグルをめぐる裁判は、多くの国で提訴されている。本家アメリカでも首都ワシントンの連邦地裁はグーグルが競合他社を競争から排除し、オンライン検索と関連広告の独占状態を維持する目的で、違法行為をしたとする判決を言い渡している（24年8月）。

グーグルは検索市場のおよそ90％を支配しているため独占禁止法違反だとして方々で訴訟されている。連邦裁判所が下した判決は、グーグルの親会社アルファベットにとって大打撃となると予想されている。

司法省はすでにグーグルに対し是正措置を検討中で、
（1）グーグルが開発した基本ソフトウエア（OS）「アンドロイド」や、ウェブブラウザ「クローム」など、グーグルの主要事業を切り離す。
（2）テキスト広告を販売するために使用しているプラットフォーム「アドワーズ」を売却する。
（3）グーグルが保有する膨大な検索データを競合他社に提供するよう強制する。

2024年3月21日、米司法省はアップルも「スマートフォン市場を独占し、競争相手を抑圧した」として独占禁止法違反で提訴した。

司法省は、アップルがアイフォンのアプリストアの支配権を悪用し、顧客と開発業者を「囲い込んだ」と解釈し、他社のアプリを妨害し、ライバル製品の魅力を低下させるために違法な手段をとったと非難した。

アップルは「一連の変幻自在のルール」を利用したり、自社のハードウエアとソフトウエアへのアクセスを制限したりして自社の利益を増やす一方で、顧客のコストを増大させ、技術革新を阻害した」と提訴理由を述べた。

EUの欧州司法裁判所は9月10日にアイルランドにおける税優遇問題で、アップルに2

兆円の追徴課税を決定した。この巨額はアップルの年間利益の1割に相当するが、すでにアイルランド政府に「仮払い」として2兆3000億円を支払い済みである。グーグルもアップルも税制と独禁法で次々と提訴がおこなわれてきた。

2000年にマイクロソフトが独禁法違反で訴えられたケースでは、会社分割は回避されたが独占状態是正のため、他のパソコンメーカーがマイクロソフトと競合するソフトウエア開発企業とも柔軟に契約し、マイクロソフトのOS上で提供できるようにする措置が導入された。

マイクロソフトに対するこの措置により、グーグルのような新興企業の成功がもたらされたのだ。

大躍進のエヌビディアは24年8月に決算発表があって、売り上げが4兆2900億円、純利益が2兆3700億円とした。常識的に株価は高騰するはずなのに9月3日にエヌビディア株価は9・5%の急落だった。SECが独禁法調査命令書を出したとブルームバーグが報じたからだ。

半導体の雄「インテル」は赤字に転落、1万5000人の解雇を発表し株価は26%の暴落となった。

TSMCは、このインテルの工場買収に興味を示している。

グーグルも、じつはロシア人が発明した

グーグルの創設はロシア人である。セルゲイ・ブリンとラリー・ペイジだ。

米司法省から独禁法違反を問われ、解体論の話まで進んでいるのは、前述のグーグル、アップル、エヌビディアなど。加えて、FTC（連邦取引委員会）はアマゾン、メタ、マイクロソフトを提訴もしくは調査している。

背後に何があるか。世界の諜報機関も利用していたプラットフォームゆえに、さまざまな憶測、それこそロシアとの秘密の関係、米国の妨害、世界の民主活動家は何か一連の暗い密約があると見て、利用をやめた団体が多い。

それにしてもロシアの新興財閥はほぼ全員がユダヤ人である。中国の大富豪にユダヤ人はいない。香港本社だったHSBC（香港上海銀行）はユダヤ系だったが、本社をロンドンに移転している。

相互に複雑な依存関係があり、また舞台裏では明確にクレムリンの権力機構とつながっている。ウクライナにおいてもユダヤ人コミュニティが存在している（ゼレンスキー大統領もユダヤ人である）。

このような権力との癒着によるビジネスで大財閥が形成される。構造的に国家資本主義とも言えるが、中国はもっとはっきりしていて権力が利権を独占しており、民間企業は党にさからうと潰される。

ロシア最大のオルガルヒを代表するのが、ロマン・アブラモヴィチだ。彼はユダヤ系ロシア人でイスラエル国籍を持つ。ポルトガル国籍も取得した。石油取引で辣腕を振るい、巨万の富を築いた。ボリス・ベレゾフスキーが設立した石油企業シブネフチを基盤にファンドを設立した。ベレゾフスキーはもともとが数学博士、エリツィン時代にメディア王となってロシアのマスコミ界の王と評されたが、プーチン政権に替わると英国へ亡命し、訴訟費用捻出のため保有していた美術品などを売却、ロンドンで客死した。

アブラモヴィチはかつてロシア政界にも進出し、チュクチ自治区知事に当選したことがある。アブラモヴィチはロシア最大のアルミニウム企業「ルサール」も経営していたが、シブネフチ株式を130億ドルで「ガスプロム」に、ルサール株を20億ドルでオレグ・デリパスカに売った。

プーチンがベレゾフスキーを取り調べ始め、彼が国外逃亡したとき、アブラモヴィチは沈黙を守った。プーチン政権とは良好な関係を暫時維持する一方で、ゼレンスキー・ウクライナ大統領とも緊密な関係があり、一時はプーチンとの仲を取り持った。実に不思議な闇が存在している。

２０２２年４月13日、英国付属のタックスヘブン、ジャージー島法廷はアブラモヴィチの70億ドルの資産凍結を決めた。この「事件」で世界の裏が読める。

ノルマンディの沖合に散らばるチャンネル群島の一つがジャージー島で、英国王室所属、「代官管轄区」と呼ばれる。この小さな島に50の銀行がひしめいている。つまりタックスヘブンであり世界の金持ちがこの島を活用している。世界の面妖な巨額資金、戦場資金、機密資金などがスイスを回避して、さまざまな特権を持つタックスヘブンに流れ込んでいたのだ。


ロシア最大手の石油企業だった「ユコス」のミハイル・ホドルコフスキー逮捕を機にアブラモヴィチは英国へ移住した。英国ではサッカーチームの「チェルシー」を買収し世界的な有名人となった。

プーチンを舌鋒《ぜっぽう》鋭く批判し「裸の王様」と揶揄《やゆ》したホドルコフスキーは銀行業務から立ち上げ、国有企業民営化のおりに最大石油企業「ユコス」を創設し、ＣＥＯ。エクソンモービルへの売却を進めていた。一貫してプーチンを批判し続け、反プーチンの野党に資金提供をしたため逮捕され、獄中８年。おもにシベリアのチタ刑務所に服役し、釈放されるやドイツへ亡命した。しばらく沈黙していたが英国へ移住後は活発なプーチン批判を再開している。ホドルコフスキーの「ユコス」はプーチン派に乗っ取られ「ロフネフツ」となった。ロフネフツは、いまではロシア最大の石油企業だ。

前述のオレグ・デリパスカもユダヤ人。アルミでロシア最大となって、各種事業に投資し、一時はフォーブス世界富豪ランキングの10位に顔を出した。アルミ不況に遭遇して、プーチンがルサールを国有化、そのうえデリパスカは米国の制裁対象となって在米邸宅が家宅捜索を受けるなど失意のどん底に落ちた。ことほど左様にエリツィン時代に資本主義化の波に乗ってM&Aでいきなりの大資本家、新興成金となったのはユダヤ人であり、プーチンが権力を固め始めると徐々に、しかし多くがロシアを去った。

ビクトル・ヴェクセリベルグはプーチンに近いオルガルヒで、ユダヤ人。資産93億ドルで世界富豪ランキングの262位。在米資産の20億ドルは第一次トランプ政権下で凍結され、米国への出入禁止処分。現在はスイス在住である。

ヴェクセリベルグはゴルバチョフのペレストロイカ、グラスノスチの風に乗ってイルクーツクのアルミプラントで成功し、エリツィン政権下でレノヴァ・グループを形成、瞬く間に大富豪となった。同グループは中国のレノヴァ・コンピュータとは無縁で、ロシアに珍しいコングロマリット（総合商社）である。レノヴァはイルクーツク・アルミニウム工場とウラル・アルミニウム工場を合併させ、シベリア・ウラル・アルミニウム（SUAL）を設立。以後，M&A（企業買収・合併）で急膨張し、ロシア第2位のアルミニウム生産を誇る。

SUALは2006年にオレグ・デリパスカのルサールとスイスの商社グレンコアのアルミニウム部門と経営統合し22%の株主。ほかに英露合弁石油企業「TNK-BP」社の株式12・5%を所有。このレノヴァ・グループは、金融、建設、インフラ、通信、小売など多数の企業を傘下に収める。

マネーロンダリング、不正取引、ハンガリーにおいては怪しげな不動産取引など、しばしば国際的なマネースキャンダル事件を引き起こし、スイスでは罰金刑に処せられたこともあった。

一方で「慈善事業家」の顔を持ち、クリントン財団へも10万ドルを寄付した。絵画の収集家としても知られた。スペイン当局とFBI係官は地中海に浮かぶ島に係留されていた豪華ヨット「タンゴ」がヴェクセリベルグ所有とにらんで押収した。

ロシア経済はユダヤ人が不在となると、過去にも同じことがあったように必ず不況に陥るというジンクスがある。

インド人と中国人はこうも違う

インド空軍はミグ21の後継機を自主生産するとして早くから国産化を推進してきたが、国家プロジェクトである「テジャス戦闘機」の開発が遅れに遅れている。テジャスはサンスクリット語で『光』を意味する。

米国と雪解け時代にロッキードマーチン、GEがプロジェクトに加わって、エンジン開発に目途が立ったこともあった。ところが、その後のインド核武装への制裁を受けて、停滞した。近年またまた米国は中国への態度を百八十度転換し、インド重視に傾く。それで次期ジェット戦闘機の開発は軌道に乗った。

ジェット機のエンジンはロールスロイス、GE、PW（プラット&ホイットニー）が三大メーカー。ほかに航空機エンジンはIHI（石川島播磨重工）、ホンダ、川重、三菱重工が製造している。英米三大メーカーといえども主力エンジン部品は日本製である。

インドの軍需産業の拠点はハイデラバードである。インドのシリコンバレーとも言われ数学に強いインド人のなかでも優秀な人材があつまる。インドはコンピュータプログラミングとソフト開発で卓越しており、米国のシリコンバレーにも無数のインド人がいる。製造ではバンガロールが有名で、ここにもハイテク企業が集中している。ついでに言えば自動車産業は東海岸のタミルナード、ニューデリー郊外団地、モディ首相の出身地グジャラート州。ムンバイは商業都市、デリーは政治首都、ゴアは無国籍、プネはヨガの本場と棲み分けができている。日本が受注した新幹線はグジャラートとムンバイを結ぶ。インド西海岸に製造業が多いのは、中東、アフリカ、EU諸国への輸出拠点となるからだ。

日本のダイキン、クボタも、このインド西部を輸出拠点とする。

インド空軍のシン大将は言う。「インド空軍は、その訓練度、作戦立案と展開能力において中国空軍よりはるかに優秀だが、装備、予算、規模において劣勢である。中国はJ20（殲20ジェット戦闘機）、ドローン、戦略爆撃機を自主生産している。その規模はインドの4倍である。インド国境に近いホータン、カシュガル、シガッツェなどに空軍基地を充実させてきた。インドと中国の国境は3488キロに及ぶ」

インドは従来、その軍事力をロシア製に依拠してきた。西側への兵力システムの変更は規格、プロセス、製造工程などが異なるため、切り替えには時間がかかる。インドはドローンの自主生産をめざしている。国産化はすでに75%という。

インドは中国から医薬品原料の70%、肥料の40%、そして電子機器・部品の38%、自動車部品の27%を輸入している。理由は単純で安いからだ。中国から原料が来なくなるとインドが自慢のジェネリック医薬品の生産に支障が出る。一方で、インドはドローン部品、ならびにアリババ、テンセントなどのアプリ43種の使用を禁止し、ＴｉｋＴｏｋは米国に先駆けて全面禁止、携帯電話のファーウェイ、ＺＴＥ（中興通訊）の携帯電話の利用も厳しく規制している。中国はちなみにＸ（旧ツイッター）、インスタグラム、フェイスブックを全面禁止している。中国のデータが米国に流れるからだ。

日本は自主生産でジェット旅客機、戦闘機を開発してきたが、米国の政治力で潰された。中国は自力で旅客機を開発したが、米国がライセンスを出さないため当面は中国国内便とラオスに投入される。

インドの基本方針はナショナリズムを基盤としているが、部品のサプライチェーン、列強の思惑と圧力を前にして、ロシアを牽制《けんせい》材料として政治利用してはいるが、自主開発の姿勢は評価できる。

インドに中華レストランが少ないのは味が合わないからではなく、在留中国人が少ないからである。瞑想《めいそう》好きで哲学論争に熱中するインド人にとって、現世しか信じない無神論者のシナ人はきっと宇宙人に見えるのだろう。

第五章

全体主義の資本市場で生き延びる中国人の富豪たち

「中国の銀行は『質屋精神』で運営されている」とジャック・マーが爆弾発言

中国ではいかなる有名人であっても、習近平批判はタブーである。うっかり批判すると凄まじい処分を科せられる。経営者なら場合によっては会社を乗っ取られる。無名の市民が習近平のポスターに赤インキをかけた。監視カメラから〝犯人〟を探しだし、精神病院に送られた。

アリババの創業者、馬雲（ジャック・マー）はあるとき勢いづいて「中国の銀行は〝質屋精神〟で運営されている」とし、共産党政府は『デジタル金融』に取り組んでいるけれども「空港を管理するために鉄道駅を管理する方法を利用しようとしている」と揶揄《やゆ》した。そして決定打がある。「（西側に）システム上のリスクを懸念する声があるが、中国にはシステムそのものがない！」

この発言に習近平はカッとなった。すぐさま馬雲らアリババ幹部は規制当局に召喚され、金融子会社として上場直前だったアント・グループのＩＰＯ（新規株式公開）は延期（事実上の中止）された。アリババの株価は雪崩のごとく下落し、時価総額から７６０億ドルが消えた。ジャック・マーもしばし中国から消えていた。

生き残り中国企業の代表格＝ラッキン（瑞幸）珈琲が米国ナスダックに上場したのは2019年だった。

SECに不正経理や売り上げの誤魔化し等がばれて、翌年に上場廃止へ追い込まれ米国で破産法裁判が続いていた。

ところがこの会社、2022年に破産を免れ、復活していた。

中国に進出して大成功と謳《うた》われたのがスターバックス（通称スタバ）だった。中国の都市化の波に乗った。くわえて中国の若者の嗜好《しこう》の変化、時代の流行にうまく便乗できた。

スタバの本社は西海岸シアトルで、中国進出はフランチャイズ方式である。筆者が北京へよく行っていた頃、定宿は長安東路の建国大飯店で、近くのメトロ駅入口にスタバがあったので時々寄った。当時すでに日本より値段が高いのには驚かされた。

2019年に中国におけるスタバは6090店舗だった。新興のラッキン珈琲が8214店舗となった。スタバを店舗数で抜いたのだ。ただし売り上げはスタバが6・2億ドルに対してラッキンは5・4億ドル。理由は単価の安さにある。スタバは椅子席とテーブルに対して、ラッキンはスタンドで立ち飲み、客席はなくテイクアウト専門。これはZ世代、とくに学生街で圧倒的人気がある。いまの若者は友人と喫茶店でしゃべるより、スマホが対話の相手、彼らにとっては立ち飲み喫茶が適当な場所なのだ。

ラッキン珈琲の創業者は陸正耀《りくせいやく》、CEOは銭治亜《せんちあ》とされるが、人物像の詳細は明らかにされていない。ともかく生き延びた中国企業の代表格となった。

香港株式市場に新星が登場、いきなりスタバを抜いた。

アイスミルクティーが17香港ドル（260円）。テイクアウト専門。上場予測より29％高で株式市場にデビューを果たしたのは蜜雪氷城（ミシュエ）という、田舎のかき氷屋から出発したフランチャイズチェーンだ。発祥地の河南省鄭州といえば、日本の奈良に該当するような古都でかつての首都。いまは開発に取り残された地方都市。安値のかき氷にミルクを垂らすだけだが若者にうけた。日本で一時流行ったタピオカブームに似ている。

独自の仕入れルートで原材料のサプライチェーンを構築し、世界中でフランチャイズ展開してきたスタバ、ラッキンなどと同じ。スタバの世界店舗数は4万199店舗（24年9月末）で、同期に蜜雪は4万5302店舗。中国、香港ばかりか東南アジア、中央アジアという未開発地域に積極的に進出したため店舗の90％は中国外なのである。

この蜜雪が25年3月に全米店舗数を8964としたため、大騒ぎに発展した。1989年6月4日に何が起こったか、中国のZ世代は知らないが、共産党はこの数字に政治的意図を感じとったのだ。

スタバを抜いたラッキン珈琲のＣＥＯ郭謹一《かくきんいつ》は「蜜雪氷城」の席巻を目撃したうえで珈琲1杯９・９元（２００円）の安値キャンペーンを続けるとした。

ミネラルウォーター「農夫山泉」の創業者は鍾睒睒（ジョン・シャンシャン）である。個人資産は６４５億ドル（邦貨換算で5兆６５７０億円）。中国一の大富豪に数回ランク入りした。株式の時価評価による算定では、創業者が農夫山泉株の84％を寡占し、浮動株主が少ない。売り上げは３７３０億円（ミネラルのほかジュースや紅茶飲料）。

この鍾睒睒についてはエピローグで別の話をするが、当時、ネットで理不尽に攻撃され、株価が急落し個人資産を2兆円ほど失った。ネットで「愛国的ではない」と攻撃を受けたからだ。あの「愛国無罪」の熱狂が農夫山泉を奇襲した。理由は「ワハハ」の総帥・宗慶《そうけい》後《ご》（24年3月に死亡）に比べて、息子が米国籍を取得しているうえ、製品のひとつ玄米茶のデザインが日本の鯉のぼりに似ていることなどが「愛国的ではない」という非難である。ばかばかしいと思うなかれ、民度の低い国では普遍的な反応である。

鍾睒睒は浙江省紹興生まれで小学生のとき、文革の嵐に遭遇した。まともな教育を受けられないまま文革が終わると浙江電子大学に入学した。卒業後、しばし『浙江日報』の記者をしていた。１９９１年に一念発起し、当時最大のミネラル企業の「ワハハ」で修業し、

5年後の1996年に独立しミネラルウォータービジネスに参入した。

香港三大財閥とは

香港財閥のトップ御三家はこの半世紀ほど不動である。

トップは長江実業の李嘉誠《りかせい》、香港フラワーから不動産に進出し、住宅需要の高さと高層マンション販売で当てた。アジア富豪ランキングのトップと評価され、伝説上の実業家となった。息子2人、リチャードとビクターが本社と関連の和記（ハッチソンワンポア）を分け合い、また中国にまっ先に進出し、そして他社に先んじてすべての物件を売り抜けて中国から引き揚げた。強運の持ち主らしく中国の不動産バブル瓦解とは無縁だった。代わりに李嘉誠は英国の不動産開発とエネルギービジネスに進出した。

不死身といわれた李嘉誠も、2025年3月、政治的理由からプロジェクトが挫折した。パナマ運河を取り戻せと叫んだトランプの政治言動によって、米ファンドが香港のパナマ運営会社を228億ドルで買収することになった。これ、李嘉誠の会社なのである。米最大のファンド「ブラックロック」主導のコンソーシアムが、香港のCKハチソン・ホールディングスの関連株90％を購入する。買収額は228億ドル（3兆4000億円）の破天荒な大型買収となる。株式購入合意は、ブラックロックと子会社グローバル・インフラストラクチャー・パートナーズ、スイスのターミナル・インベストメント、メディテラニアン・シッピング社など。

単純な計算で言えばCKハチソン・ホールディング（長江和記）が「売り逃げ」的に財務的な利益を得る。しかし長期的にいえば李嘉誠の世界戦略がこれにより頓挫することとなった。米中対決のあらゆる利害関係の将来像を予見させる出来事である。企業財務戦略の再考時代を迎えたといえる。李嘉誠のCKハチソンは23カ国で43の港湾を運営する。高値売り抜けだから、このニュースでCKハチソンの株価は22％の暴騰ぶりだった。まさに悲喜こもごも。ただし習近平は北京に相談しないディールに怒りをあらわにした。

香港財閥第2位はヘンダーソンランドの李兆基（リー・シャウキー）。地道に着実に香港開発に沿った不動産開発に集中し、一時は東京にも進出し株式を上場したこともあった。

筆者はヘンダーソンランド本社に李兆基を訊ねたことがある。ダイヤモンド社から出ていた『EXCUTIVE』という月刊誌に5年ほど巻頭インタビューを担当していた頃で国籍を問わず外国企業トップに片っ端から会った。その前後に、「米国の不動産王」といわれていたドナルド・トランプにもインタビューしたこともあった。

李兆基（CEO）に「日本進出計画はあるか？」と訊ねると「あれほど税金の高いとこ

ろでは商売が成り立たないのではないか」と懐疑的だった（香港の最高税率は16・5％）。この李兆基も25年3月に97歳の大往生を遂《と》げ、長男のピーターと次男のマーチンが業務を継いだ。

香港財閥の第3位は新世界集団の鄭家純（ヘンリー・チェン・カーシュン）だった。筆者は40年前に新世界にも注目して本社を訪ね、当時の社長だった鄭裕彤（チェン・ユトン）と会った。鄭裕彤は広東から身一つで香港へ流れ着き、宝石屋の丁稚小僧からたたき上げて大成功した立志伝中の人物である。筆者が、「中国は香港をいずれ乗っ取ろうとしているのに中国に進出して大丈夫か？」と聞くと、鄭はいささかムッとした表情で「われわれは同じ中国人、共産党が何を考えているかは分かっている」と最後は喧嘩腰となった。40年後、新世界の中国本土における不動産開発は頓挫した。

「新世界集団」は跡目相続で鋭角的な内ゲバに発展した。2代目CEOの鄭家純には三男一女がいる。総資産は3兆円とされ、不動産開発の新世界発展は長男の鄭志剛が継ぎ、また中国全土に5000店舗をほこる宝飾の周大福宝石店とホテルは長女の鄭志雯が、次男の鄭志明は新創建集団（大手インフラ建設）のCEO、そして持ち株会社「周大福企業」は三男の鄭志亮が継ぐことで落ち着いた。

長男と三男はハーバード大学から米国ファンドで経験を積んだ。新世界発展と新創建集団は全体の20％を占めた中国大陸の不動産開発と投資が大きく挫折したため20年ぶりの赤字転落となって長男の鄭志剛はＣＥＯを降りた。

周大福グループはローズウッドホテル等を経営し日本の宮古島にもホテルを開業予定。このほか鄭志雯は傍系アパレルチェーンのジョルダーノ（中国ではユニクロと並ぶ）の社外取締役を兼ねる。


マカオの財閥1位は一貫してスタンレー・ホーだった。彼が所有する真っ白なロールスロイスの番号は一番だった。スタンレーはオランダ系ユダヤ人の祖孫で、海賊退治で幸運をつかみ、その報奨金を原資にカジノホテルを独占し、保険、建設、フェリーからはては航空会社を経営した。

２０２３年に98歳で死去、妻は４人、子供たちは17人と誰が誰か分からないほど家族関係が複雑で、しかも相互対立、遺産相続で揉《も》めに揉めた。なにしろスタンレー・ホーの企業群だけでマカオＧＤＰの30％を占め、中国の政治協商会議の委員でもあった。

スタンレー・ホーの死後、息子娘たち同士で内ゲバとなり、マカオ最大産業のカジノへホテルは本丸リスボアなど経営権をめぐる家族内対立が激化した。そのなかで２番目の妻の長女パンシー・ホーが実権を握った。パンシーの妹は歌手である。

台湾のビリオネアたちと中国

台湾最大企業となったのは張忠謀《ちょうちゅうぼう》(モリス・チャン)が率いるTSMC(台湾積体電路製造)である。

TSMCは世界最先端にして最大の半導体受託製造企業(ファンドリ)である。台湾のシリコンバレーと言われる新竹市の「サイエンスパーク」に本社がある。このサイエンスパークは〝技術都市〟とも言えるが、広大な工業団地だ。筆者は何回かこのサイエンスパークを取材しているけれども、近くに日本の縄文時代前期と同時代の遺跡がある。海洋民族で縄文人の先祖と考えられる人たちが海流に乗って台湾島にも上陸していた。つまり台湾原住民は南方から渡海してきた縄文人と同祖である。

閑話休題。TSMCの製品用途は補聴器やスマートフォン、クラウドデータセンター、人工衛星、科学機器、宇宙船などに採用されて、世界最先端の3ナノ半導体量産体制に入った。3ナノが生産できる企業は、2025年3月時点では台湾TSMCと韓国サムスンの2社だけだ。

「台湾ほど重要な国はない」とする論文が掲載されたのは『フォーリン・アフェアーズ』

最新号である。どこかで聞いた台詞？　かつてマイク・マンスフィールド駐日大使（元上院議員）は「日本ほど重要な国はない」と発言し、書籍まで出した。

「フーバー研究所」フェローのラリー・ダイアモンドとジム・エリス、「アジア協会米中関係センター」のアーサー・ロス所長とオービル・シェルの共同論文では台湾を危険にさらすことなく半導体サプライチェーンを強化する方向性を述べている（『ファーリン・アフエアーズ』23年7・8月号）。

「米国は中国との経済的、技術的、戦略的競争で勝つ可能性を高めるために、信頼できる国際パートナーを必要としている。この取り組みにおいて台湾ほど重要なパートナーはない」

すなわち米国の意図は、半導体の世界的なサプライチェーンの確保と台湾の安全確保という二つの目標を同時に追求するための戦略を構築する必要があると述べており、「二重課税を排除する条約と自由貿易協定が米国と台湾の経済的・技術的関係を強化できる。米国が台湾に効果的な兵器、機動的な兵器供与が重要」と力説している。

この動きに対して台湾メーカーは別の行動に出た。

TSMCが次世代2ナノメートル半導体を2025年から新竹工場と台中の工場で量産を開始するが、新設する高雄工場でも2ナノ半導体を生産する。CEOの魏哲家《ぎてつか》は「過剰生産能力を避けるため、高雄工場では当初計画していた28ナノ半導体を生産しない」。ならば、どこで28ナノ半導体を生産するのか？

ＴＳＭＣは熊本に大工場を建てた。この日本の熊本新工場と中国の南京工場で28ナノの生産能力を追加した。ある事情通が嘆いた。「日本は舐《な》められたものだなぁ。中国と同列レベルだもの」と。

28ナノ半導体の用途は広範な分野に及ぶ。主にクルマだが、ノートパソコン、タブレット、テレビ、スマホ、ゲーム機器などの汎用製品に使われ、価格競争が激しく、いずれ無用の長物になりかねない。

２０２２年12月６日のことを思い出した。アリゾナ州のＴＳＭＣ新工場起工式で、バイデン大統領（当時）とともに演説したＴＳＭＣ創業者の張忠謀は「地政学的な政治変局が新たな情勢を生み出し、グローバリゼーションはすでに死に瀕しており、自由貿易もほぼ死んだ」と口を滑らしたのだ。

この発言には中国を封じ込めようと躍起となるバイデン政権（当時）の遣り方に不満が籠《こ》もっていた。米国の恣《し》意的な対中政策に挑戦しているのである。そもそもＴＳＭＣ創設の張忠謀という名前は「はかりごとに忠実」という意味で、中国人のセンスでは謀略は日本人のような悪いイメージは付帯しない。壮大な計画を立てる賢さを示唆する。

機敏に反応したのがトランプだった。

トランプの認識では「台湾が米国から半導体事業を奪っている」となる。24年7月16日のFOXニュースのインタビューでもトランプは、「台湾は賢くて優秀で、私たちのビジネスを奪いました。私たちは彼らを止めるべきだった。私たちは彼らに課税すべきだった」

中国との戦争の危険を冒して米国が台湾の防衛を支援すべきかとの質問に対し、トランプは「もし私が大統領だったら、自分の考えを人々に知られたくない。事前に明かせば交渉で非常に不利な立場に置かれるからだ」とタフネゴシエーターとしての立場を堅持し、土壇場まで曖昧戦略は維持するとした。

「中国が台湾を手に入れたら、世界を変えることができるでしょう？」との質問に、トランプは「中国が台湾を奪えば、世界を閉鎖する可能性がある。覚えておいてほしい、台湾は賢い、彼らは我々のビジネスを奪おうとしている、我々は彼らを止めるべきだ、彼らに長く税金を課すべきだ」

事実関係にトランプは無頓着《むとんじゃく》である。日本の半導体産業を潰したのは米国であり、台湾に先端技術を供与してTSMCを育てたのは米国だったという過去の経緯を度外視しているあたり、はなはだしく認識不足である。

TSMCは米国で3ナノを生産すると明言しているが、次世代半導体の2ナノは台湾の

３つの工場で生産すると言っているのである。

これは米国の国家戦略と、それに対応する台湾の国家安全保障政策との齟齬《そご》をあらわにし、企業それぞれの世界戦略を宣言したということである。ＴＳＭＣと米国は今後、おおいに揉めるだろう。

ここまで書いて来たとき、異変が起きた。ＴＳＭＣが米国アリゾナ州における２つの半導体工場新設に加えて、米国に別途新規１０００億ドル（合計１６５０億ドル）を投じ、５つの工場（開発センター、後処理工場を含む）を造成し、次期ハイテク半導体の製造に乗り出すとした。トランプはＴＳＭＣの魏哲家ＣＥＯをホワイトハウスに招き、記者会見したほどの歓迎ぶりだった。

これは世界的ニュースだが、感度の鈍い日本のメディアは、トランプの高関税回避が目的などと底の浅い分析をした。

熾烈な半導体開発競争はハイテク覇権の争奪戦であって、国際的な安全保障の視点を踏まえた議論が必要である。日本の議論には経済安全保障といえばサプライチェーンの寸断を考えるのが関の山、国家安全保障という総合的な地政学的な観点がすっぽりと抜け落ちている。しかも米国は「ＣＨＩＰＳ科学法」を廃案とするので、ＴＳＭＣの新規プロジェクトには米国政府の補助金はつかない。

漆畑春彦『日台の半導体産業と経済安全保障』（展転社）は中国の半導体企業の猛追ぶりを報告しつつ、その現状を分析すると台湾に追いつくのは時間の問題かもしれないと分析している。「ディープシーク・ショック」に続き中国がゲームチェンジャーになる可能性があるというのだ。

米国が中国の技術的追い上げを阻止するために、最初はファーウェイと中国通訊の基地局を制限し、機密データが盗まれるとしてファーウェイなどのスマホの使用禁止措置だった。だが、まるで効き目のないザル法で、はたと米国が気づいたのは、核心は半導体にあることだった。製造過程をさかのぼれば半導体製造装置にあること、このために10ナノ以下の半導体、半導体製造装置の全面的な禁輸に踏み切った。これで中国の半導体企業は壊滅し、競争力は喪失する。

ところが思惑はみごとに外れてしまった。

中国は独自のサプライチェーンを構築してしまった。ファーウェイの新型スマホは7ナノ半導体を使っていたが、独自の生産だったようである。海思半導体（ハイシリコン）、中芯国際（SMIC）、長鑫（CXNT）、長江記憶（YMTC）など有力なメーカーが育っていたのだ。

SMICはTSMC技術者だった台湾人の張汝京《ちょうじょけい》が部下300人を率いて中国へ渡航し

開発した。

このような台湾エンジニアの「裏切り」はあちこちで見られる。高給と条件につられ、経済安全保障という観点は彼らの人生設計回路にはない。エンジニアの視野狭窄は設計図や生産工程のノウハウを理解しても地球儀的地政学の発想はない。

中国は半導体製造装置にも乗り出していた。中国勢が躍進を遂げており、なかでも北方華創微電子装備（NAURA）が最大手で米国AMD（アドバンスト・マイクロ・ディバイセズ）にいた中国人の里帰りという「海亀企業」だ。エヌビディアを猛追するのが魔弥銭程（ムーアスレッド）、これもエヌビディアにいた張建中《ちょうけんちゅう》によって設立された。つまり後追い企業はオリジナルを模倣し、格安の投資で先端レベルに追いつく。当該先端企業のエンジニアを引き抜けばいいわけである。

ファーウェイが予定しているAI半導体は「エヌビディア製GPUに匹敵する能力を持つと言われている。ムーアスレッドのGPUもファーウェイの新型AI半導体も、カギを握るのはそれらを受託製造するSMICの技術力次第」（漆畑前掲書）。

25年3月、台湾当局はサモア企業などとなりすました中国企業の台湾ダミー11社を手入れした。これらが台湾の優秀なエンジニアをスカウトしていた。

台風の目となったエヌビディアも台湾人経営だ

生成ＡＩという新技術の登場で、画像処理半導体ＧＰＵの供給はエヌビディア（ＮＶＩＤＩＡ）が寡占している。この企業は米国で起業し、米国でエンジニアたちが日夜奮闘し強大化した米国籍企業だ。しかし経営者は台湾人。研究・開発ラボの本丸も台湾へ移す。

エヌビディアは台湾人が経営しているのである。ゲーム向けやテスラのＡＩに組み込む半導体を製造する米国籍企業というものの創業者が台湾人の黄仁勲（ジェンスン・ファン）。トレードマークは革ジャン、60歳。そのへんのおっさんという日常のスタイルだが、台湾からスタンフォードに学び、カリフォルニア州で起業した。

台湾ではＴＳＭＣ並みに有名である。ソフトバンクグループ（ＳＢＧ）を率いる孫正義が、このＮＶＩＤＩＡに英アームを売却しようとしたところ中国と英国の反対で挫折した。

孫正義は英国で世界一の半導体設計企業のアーム社を3兆円で買収していた。そのアーム社は米国にも設計デザインの現地法人があるが、中国にも支社がある。このアームチャイナは51%が中国、49%が英国なので最終的な意思決定は中国にある。米国としてもアーム社が英国籍だから心境は複雑だった。孫正義は英米の政治的な意図を了解できなかった。

NVIDIAが技術を短時日裡に獲得できたのはなぜか。大学の優秀な学生を高給で確保し米国内で研究開発に集中した成果である。具体的には西海岸ワシントン州のレッドモンドとシアトル、ユタ州ソルトレークシティー、NY、ノースカロライナ州ダーハム、イリノイ州チャンペーン、カリフォルニア州には3カ所、アラバマ州とコロラド州と10を超えるR&D（研究・開発）センターを理科系大学近くに設置して開発費に巨額を投じてきた。換言すれば米国で頭脳を獲得したのである。

NVIDIAの時価総額は過去20年間に400倍に化けた。もし先見の明があって100万円を投資した人がいたら、いま4億円のミリオネアである。同社株は108・13ドルから419・58ドルへと暴騰し、時価総額は軽々と1兆ドルを超えた。これは生成AIとチャットGPTの急伸に裏打ちされた史上8番目の数字である。それが中国の新興ディープシークのショックで落下し、25年2月8日現在は129ドル84セント、ピーク時から邦貨換算で85兆円が蒸発した。

CEOの黄仁勲は2023年5月30日に台湾を訪問した。そして「台湾にAI研究開発センターを設立する」と発言した。ちなみに台湾政府が67億台湾ドル（280億円）を支援する。他の台湾のハイテク企業も北京の動きを横目にしながら中国へのコミットを減らすか、撤退した。

しかし対策は遅かった。エヌビディアのハイテク半導体はすでに中国にわたっていたのだ。クラウドサービスを利用して巧妙な入札が行われ、ディープシークに輸出されていた。ロイターは24年8月23日に「中国のハイテク入手にアマゾンのクラウドサービスが利用されている」と報じた。中国の公開入札文書を調べた結果、中国企業がアマゾンなどのクラウドサービスを利用して、米国が禁輸措置としている米国製半導体やＡＩ（人工知能）機能を入手していた。ロイターは過去１年間に中国が公開した50件以上の入札書類を調査し、少なくとも11の中国企業が米国の技術やクラウドサービスの入手を狙っていたと報じた。

当該入札書類によると、深圳大学はエヌビディアのＡ１００およびＨ１００チップを搭載したクラウドサーバーにアクセスするため仲介業者に２万８０００ドルを支払った。Ａ１００はその後に米国が対中輸出を禁止した。

米連邦下院外交委員会のマイケル・マッコール委員長は、「このような米国の脆弱性《ぜいじゃくせい》は長年の懸念であり、諸外国がクラウドを介して米国の先端コンピューティング技術にリモートアクセスしている」と警鐘を乱打した。

米議会は米国の技術への遠隔アクセスを規制する権限を米商務省に与える法案を提出している。

四川大学は入札書類のなかで、プロジェクトの実装をサポートするために生成ＡＩのプラットフォームを構築し、４０００万個のマイクロソフト・トークンを購入した可能性がある。中国科学技術大学蘇州高等研究院も入札書類の中で、８個のＡ１００半導体搭載のクラウドサーバー５００台をレンタルするとした。中国科学技術大学は、中国軍に役立つ可能性のある米国の量子コンピューティング技術を取得し、中国の核開発プロジェクトに参加したとして、米国の輸出規制「エンティティリスト」に登録された。つまりブラックリストに掲載された。なんでもありの中国だが、ネット入札にも目を光らせなければならない。

ＡＭＤも台湾人が創業した

台湾三番手の力晶積成電子製造（ＰＳＭＣ＝黄崇仁会長）はＳＢＩホールディングスと組んで自動車や産業機器向け半導体生産拠点を日本に建設すると発表した。投資予定額は数千億円。もともとＰＳＭＣは三菱電機から技術協力を得てＤＲＡＭの生産をしてきた台湾企業で、日本では28ナノの半導体が主体となる。ＳＢＩホールディングスは野村證券時代からやり手として知られた北尾吉孝がＣＥＯである。北尾はホリエモンが仕かけた日本放送ＴＯＢのおりにホワイトナイトとして登場、その後は逆転して孫正義のブレーンとしてＳＢＧ（ソフトバンクグループ）常務を務めた辣腕家で、ご先祖は江戸時代の儒学者だった。

２０２３年10月にエヌビディアは高度ＡＩ用半導体の中国向け輸出規制について、対象となるのはＡＩ用半導体「Ａ８００」と「Ｈ８００」が含まれるとしていた。米商務省の新規制ではゲーム用半導体「ＲＴＸ４０９０」も禁輸対象となった。

エヌビディアは「ＡＩ用半導体は商業向けであり、中国にＡＩ用半導体を販売することは合法、販売する予定である」と楽観的だった。これらのＡＩ用半導体は中国のアリババ、ＴｉｋＴｏｋ親会社バイトダンス、百度（バイドゥ）などが、すでに２０２４年分として50億ドルを発注していた。

米アドバンスト・マイクロ・デバイセズ（ＡＭＤ）は23年12月に人工知能（ＡＩ）向けのアクセラレーター新製品（ＭＩ３００）を発表しエヌビディアが席巻していた市場にライバル製品の登場となった。

ＣＥＯのリサ・スー女史（彼女も台湾人）は「ＡＩ半導体業界は今後４年間で４０００

億ドルを超える」と大胆な予想を展開した。MI300採用を予定しているのはマイクロソフトやオラクル、メタ・プラットフォームズが含まれる。

ところで人工知能（AI）と「人間の知能」とが「偶会」した。

AMDのリサ・スーはシリコンバレーで伝説化した才女だが、日本の将棋のチャンピオン藤井聡太がスー女史との会見を望んでいた。じつは藤井七冠はAMD新型パソコンを自作し、「AI将棋ソフト」によって勝負局面の解析や対局シミュレーションをおこない、勝負能力強化を図ってきたのだ。この活用で次々とタイトルに挑戦し続けてきたわけで2022年にはAMDブランド広告に藤井が起用された。スー女史は来日を藤井の誕生日に合わせて会談を設定した。

日本でも波乱の一幕があった。

西村康稔経産相（当時）は「エヌビディアの黄仁勳CEOから、日本における研究開発拠点の設置の意向が示された」と記者会見で披露した。大規模言語モデルに加えて、ロボティクスの分野でエヌビディアはモデル開発に期待しているという。エヌビディアが日本と組みたいのはスパコンなど日本が優位を誇る技術との連携で、とくに産業技術総合研究所との連携強化に狙いがある。産総研はエヌビディアからGPU（画像処理半導体）の供給を受けてきた。

米大手のインテルやマイクロンはバイデン政権の意向に逆らって中国国内で半導体生産を継続している。そのうえラボを設営しており米商務省の規制に反対してきた。

ＴＳＭＣはアリゾナ州に進出するものの、次世代ＡＩは、「台湾で製造する」と言明していた。エヌビディアも先端ラボは台湾で設立すると発言していたことは述べた。これらの動きは米国の神経を逆撫《さかな》でし、25年2月、トランプは外国製半導体に１００％関税をかけると獅子吼《ししく》したのである。

トランプ政権が懸念する理由ははっきりしている。

第一にハイテク情報、とくに台湾から中国へ最先端技術の機密漏洩《ろうえい》が連続していること。中国のＳＭＩＣはそもそも台湾ＴＳＭＣにいた台湾人エンジニア数百人が大陸に渡って仕上げたのだ。

第二に台湾軍人の軍事機密漏洩がつぎつぎに明るみに出たことだ。25年1月、台湾の検察当局は、中華思想を信奉する中国の細胞「復古同盟党」に所属する退役軍人7人を中国から資金を得て、侵略が起きた際、中国軍と協力するため台湾で準軍事組織や要人たちの暗殺部隊をひそかに組織していた容疑を固めて起訴した。容疑者らは台北にある主要なレーダー基地、ミサイル施設、米国台湾協会（事実上の米大使館）を撮影、精密な攻撃目標の地図を作成していた。台湾の退役軍人の屈宏義《くつこうぎ》は中華民国陸軍士官学校の卒業生。エリートである。退役後、仕事で中国に渡った。2019年に中国人民解放軍将校の「張」という男とつながり、台湾でスパイ網を構築し、政治活動をおこなうことで合意したという。そのうえで届は「復古同盟党」を設立した。同党のスローガンは「中華民族の復興、全人民の平和と幸福」だった。検察当局によると、容疑者らは台湾での活動資金としておよそ300万台湾ドル（1500万円）を供与された。

こうした資金で親中政党を設立するため現役および退役軍人を募集する計画を立てた。中国による侵攻の際には高官や政治家を殺害するための狙撃兵や暗殺部隊を含むスパイや準軍事組織を結成した。潜伏細胞として反乱を起こし、人民解放軍の隊員10万人を台湾に潜入させるのを待っていたとか。計画の規模こそ壮大だが、クーデターの準備とはほど遠く、暗殺部隊を計画中だった等とアリバイ証明的につくってカネが目当てだったようにみえる。おそらく台湾当局が囮《おとり》捜査をしていたのだろう。

第三にファーウェイのL540ノートブックがSMIC製造の半導体を使用しておらずTSMCの5ナノ半導体だったことがカナダの研究所のモデル解体解析調査で判明した。ただしファーウェイのスマートフォン「MATE60」は中国SMIC製の7ナノ相当の半導体だった。これらは台湾人エンジニアが協力し、中国の技術的独立推進に貢献していた。

第四に中国に工場を持つ台湾企業の従業員らの心理と背信である。また眼に見えないスパイ工作が台湾で進んでいることも米国に疑念を抱かせる。台湾当局は暗号資産を利用して中国から資金提供を受け、選挙活動を行っていた女性候補を反浸透法違反容疑で拘束した。この女性候補は桃園から立法院（国会）に立候補した馬治薇《ばやび》。彼女は23年に中国の対台湾工作部門の人物から選挙に立候補して選挙関連の情報を渡す見返りに暗号通貨などで470万円を受け取った。馬は台湾民衆党からの立候補を目論んだものの中国との関係に問題があるとして、同党は推薦せず無所属での出馬だった。台湾民衆党はその後、党首の柯文哲《かぶんてつ》が不正行為で逮捕され、人気が急落した。

それにしても世界の半導体の30％を中国が買っている。半導体生産は80％がアジア、それも中国、台湾、韓国、日本に集中している。米国の生産は世界の10％、欧州は9％。だから欧米の焦りは並大抵ではなく、WTOが規制する政府補助金をつけてでも、半導体企業の誘致に余念がない。ドイツも99億ユーロを補助して半導体企業の誘致を決めた。

インテルはインドとイスラエル、とくに後者には250億ドルを投資し、イスラエル政府は32億ドルの補助金支出を決めていた。

インテルはその後、大赤字に転落し新規工場の建設も5年遅れると発表した。TSMCはアリゾナに新工場を建設中だが、建設労働者不足と労組の反対運動のため、工期が大幅に遅れている。日本が官民挙げてのラピダスは千歳での工場建設は予定通り、2027年から2ナノを生産する。

業界がおそれるのは、いきなりの大量生産により中国のダンピング攻勢で世界の半導体市場が攪乱《かくらん》されかねない懼れである。

なぜなら中国は国内消費者に中国製を買えとキャンペーンを張るうえに補助金をつけるからだ。風力発電、太陽光パネル、そして現在のEV自動車の世界への殴り込み、その遣り方、その世界市場独占への道のりを考察すれば、中国の次の一手が見えてくる。

国家安全保障に対する軍事的脅威と並んで中国のダンピング攻勢による市場攪乱に西側は気をもんでいる。

第六章

ＡＩの時代とは詐欺の時代

中国大富豪ランキング、またまた変動

2023年の中国大富豪ランキングは次の通りだった。

順位	ビリオネアと企業	個人資産（億ドル）
1	鍾睒睒（農夫山泉）	623
2	張一鳴（バイトダンス）	443
3	黄崢（PDD＝通販）	389
4	丁磊《ていらく》（網易＝ネットイーズ）	335
5	馬化騰（テンセント）	302
6	何亭健（美的集団）	251
7	馬雲（前アリババCEO）	245
8	李書福（吉利汽車）	168
9	秦英材（牧原食品、養豚）	155
10	王伝福（BYD）	142

農夫山泉は「親日派」だと決めつけられ反日運動のターゲットとされ、株価が急落、同業のワハハとトップが交代した。

2位のバイトダンスは傘下のTｉｋTｏｋが米国で制裁され批判の対象となったために上位から転落した。だが中国のネットユーザーは11億人、ドメインは3兆1879万。ユーザーのうち、10～19歳が49％、50～59歳が15％、60歳以上が21％と、購買層が三層に分かれているが、ネット通販利用者が69％にのぼる。

中国は税収不足に陥ったため「独占禁止法に違反した」などと難癖をつけ、テンセントやバイドゥを含む12社に罰金を科した。

こういう遣り方もアメリカ式である。

テンセントはQQとウィチャットを傘下に置き、10億人以上の人々を結びつけた。

2021年8月、中国のビデオゲーム規制当局は18歳未満のオンラインゲーマーのプレイ時間を金曜、週末、祝日だけとし、それも1時間に制限する政策を発表した。これはテンセントを含む中国のゲーム業界にとって大きな打撃となった。

2023年12月にはビデオゲームに費やせる金額と時間をさらに制限することを目的とした法律を導入した。これによりテンセントの株価は12％以上も下落した。中国政府は台頭する市場力が党当局への潜在的な脅威となることを警戒してきた。3位のＰＤＤ（Ｔｅｍｕの親会社）は品質に基準以下の有害物質が多いとして、販売不振に陥った。8位と10位の自動車関連はＥＶ不振に見舞われ、上位ランクの維持は難しいとみられる。かつてトップだったアリババは7位に転落。アリババの金融子会社「アント」は事実上の党営企業となった。

不動産バブルは破裂して久しいが、恒大集団の許家印は30億ドルの個人資産が7億ドルに激減した。

中国の「銅キング」と言われた非鉄の「正威国際集団」ＣＥＯだった王文銀《おうぶんぎん》も資産を１９０億ドルから8億ドルへ激減させランク外となった。

これら中国大富豪がのしあがったのは、いずれもガリレオやコペルニクスのような大発明、発見によるものではない。

計画を立て周囲の出資を募って起業し、誰よりも先に強引にマーケットを制した者が勝ち組となり、上場したときの創業者特典で、株式の時価総額が個人資産とみなされる。したがって株価の変動がランキングの浮沈、激しい凸凹となる。中国の起業家の特色はオリジナリティに欠《か》け、米国のビジネスモデルの援用にある。

アリババもＰＤＤもアマゾンが原型、テンセントもフェイスブックと日本の任天堂がモデルだ。

中国の激しい浮き沈みとは対照的に米国のビリオネアは、トップランキングがほぼ同じ顔ぶれで、イーロン・マスク、ザッカーバーグ、ビル・ゲイツ、ベゾス……。これに株式投資のバフェットがつねに10位以内である。基本のビジネスモデル、ソフトウェアと特許で稼いでいるからだ。

とは言え、時折、破天荒なことが起きる。

それはビットコインなど暗号通貨の突然の興隆、あるいはデリバティブ取引などの新手法が生まれたときに必ず付随して起きる大型のベンチャー、そして空前の詐欺である。後者の日本の悪例も枚挙にいとまがないが、フェイスブック上でニセ広告をうち、証券会社を騙す詐欺が1万件を超えている。削除要請の対策は後手に回り、とくにSBI証券、楽天証券、松井証券、大和証券の4社がNISAの特典を機に知名度を高めた結果、悪用され、「なりすまし証券会社」が乱立、プラットフォームでの削除が遅れて被害を増やした。

米国の悪例となったのが暗号通貨の興隆とともにデビューしたFTXのインチキ商売だった。暗号通貨の仮想取引所を装った天文学的な詐欺事件である。

2024年はじめにFTXの最高責任者サム・バンクマン＝フリードには懲役25年の判決が下った。共謀者の1人、というより愛人とされたキャロライン・エリソンは暗号通貨プラットフォームの投資家や顧客を欺いた罪で懲役2年の判決を受け、71億ドルの没収も命じられた。

2023年11月にFTXは破産した。その姉妹会社「アラメダ・リサーチ」のCFOだったエリソンも有罪を認め、検察に協力することに同意した。アラメダ・リサーチの幹部だったライアン・サラメには懲役7年6カ月の刑を宣告された。エリソンは顧客の資金数十億ドルをアラメダに流しこんでヘッジファンドの投資や負債の返済に使った。バンクマン＝フリードは暗号通貨取引所と暗号通貨取引会社アラメダ・リサーチのCEOを兼ねていた。

FTXは22年末に株暴落を引き起こし、この危機の最中にバンクマン＝フリードはアラメダ・リサーチの業務を縮小すると発表し、役員を辞任し連邦倒産法第11章の適用を申請した。

フリードの純資産はピーク時に260億ドルとされた。22年11月8日、純資産はわずか1日で94％減となり9億9150万ドルになった。1日の減少額では歴史上最大となった。直前にバンクマン＝フリードは民主党候補への大口献金者として4000万ドルを寄付しバハマの豪邸に暮らしていた。アメリカ版杜子春だ。

ディーリングルームは演技だった

「エンロン」もまた政治ロビー活動に積極的で大統領選挙には共和党・民主党の双方に合計で20億ドル以上という破格の政治献金をおこなっていた。

CEOのケネス・レイと地元テキサス州出身のブッシュ大統領やチェイニー副大統領との個人的な友好関係があった。電力自由化やキャッシュフロー会計など、アメリカ合衆国連邦政府・州政府の政策に影響を与えた。当時、エンロンの従業員数約2万2000人。売上高1110億ドル（全米第7位）と全米有数のれっきとした大企業だった。

ところが不正経理・不正取引による粉飾決算が明るみに出て2001年12月に破綻した。負債は400億ドルを超え史上最悪といわれたが、2002年7月のワールドコム破綻（粉飾会計で倒産。負債は410億ドル）が史上最大破綻記録を更新した。

エンロンは主にエネルギー（ガス・電力・パイプライン）関連で、本拠地はテキサス州ヒューストン。ガス取引に積極的にデリバティブを取り入れ、企業規模を拡大していった。粉飾会計に加えてインサイダー取引にも手を染めた。本社を見学するとディーリングルームにはずらりコンピュータが並びディーラーが活気に満ちて働いていた。後日分かったのは、これは「芝居」だった。1998年に利益に占めるデリバティブ比率は8割を超えていたが実際には「空売り」などで売上・利益確保を装った。おりしも2000年にカリフォルニアは電力危機におちいっていた。

「エンロン・オンライン」は電力だけでなく、ガス・石油をはじめ、石炭、アルミニウム、パルプ、プラスチック、果ては信用リスク、天候、ネットワーク帯域幅、排ガス排出権に至るまで、あらゆる商品の市場をインターネット上に開設し、そのすべてでエンロン自体が売り手・買い手として取引をおこなった。

このエンロン・オンラインのアイデアとシステムは、稼働当時はもちろん、エンロン破綻後も高く評価された。しかしエンロンのビジネスモデルは手数料収入が主目的ではなく、自ら売買をおこなうトレーディングだった。そのうえエンロンは未経験の商品市場にも積極的に乗り出したために、市場のベテラン・プレーヤーにいいように利用された。

皮肉なことにIT革命のブームが興こり、売上・利益は、帳簿上のものにすぎなかったにもかかわらずバブルの波に便乗してエンロンは「超優良企業」と評価された。

エンロンに投資した投資家、年金に組み込んでいた企業の従業員など多くの関係者が巨額の資産を失った。ところがケネス・レイCEOら同社幹部は大量のエンロン株を売り抜けており、インサイダー取引の疑いで訴追を受けた。

政経分離の発想、中国共産党と中国人とを区分けして考える

中国国家外貨管理局が２０２５年2月14日に発表した国際収支統計で、外国企業の対中直接投資が90％もの激減ぶりだったことが判明した。

中国への直接投資は２０２１年がピークで、３４４０億ドル。24年はたったの45億ドルだった。

ということはドルの流入がないことになり外貨準備は払底《ふってい》したはずだ。理論的に考えれば人民元は崩落することになる。

あまのじゃくはドイツだ。メルケルの時代に何回も北京を往復した。ドイツにとって中国は大市場だった。しかし不正なデータ報告などで、ＶＷがガタガタに、ドイツ銀行は経営不振に陥った。失敗に懲りたかと思いきや、中国に痛い目にあった記憶を忘れた。

直近のデータを見ても、２０２４年上半期にドイツだけが前年比30％増の80億ドルを投資する予定だった。大手ＢＯＳＣＨ（ボッシュ）は単独で7億ドルを投資し、フォルクスワーゲンは新工場ＲＤセンターを安徽《あんき》省の合肥に開設した。

フランスの中国投資はマクロンが特別待遇で中国に招かれて以来、ぐにゃりと変質して

いる。天安門事件などすっかり忘れた。あの博愛人道主義なんてフランスのモットーもまた偽善だったのだ。ドゴールはフランスの独立と栄光を説いて、欧州では文化的に輝いた時期もあった。ジスカール・デスタン、シラクのあとはサルコジ、オランドと指導者が小粒になり、マクロンは国際政治ではピエロに見える。仏中貿易は往復789億ドルに達し、パリ円卓会議には中国から吉利（自動車）、BYD、寧徳集団（電池メーカー）などが参加した。

イタリアのメローニ首相は、2024年7月29日に中国を訪れ、習近平国家主席との会談の席で「貿易の不均衡を是正する必要性」を強調した。習は貿易摩擦を抱えるEUとの関係安定化が重要であり、イタリアの役割に期待すると歯の浮くような発言を繰り返した。イタリアは一帯一路の「覚え書き国」からは降りたが、皮革製品などの輸入が増えており、中国側が強気だった。

こうしてEU主要国の独仏伊は、中国に対しての淡い期待を持続しており、中国はロシアの背後にあるという地政学的安心感から日本や台湾の中国認識とは決定的に異なる。

これらの国々は中国の軍事的脅威に鈍感である。

EUと英国はファーウェイの通信機材ならびに基地局の建設をやめるとしていた。つまり通信の発信基地局、中継のアンテナ基地をファーウェイに発注しないで、ノキアなどE

U加盟国のものを採用するとした。

実際にファーウェイは排除されたか？

たとえばフランスは2019年に施行した法律で「国家安全保障上の利益確保を目的」として移動無線通信ネットワーク機器の運用にあたり事前許可制度を導入した。一部の通信事業者は、この法律は事実上ファーウェイ機器の使用を禁止するもので憲法に反するとして憲法院に訴えた。フランスの憲法院は国家の基本的利益の保護の必要性にかんがみ問題なしとの判断を下した。

実際の施行状況を見ると、ファーウェイ機器に依存している通信業者にも配慮して、ファーウェイ機器使用に必要な申請を8年の期限付きで認めた。すなわち2027年まで、ファーウェイ依存体制は変わらないのである。

さらに27年が来れば再延期される可能性がある。EVを2030年までに完全実施と呼号したEUが、いつのまにか、その目標を取り下げたように。

2024年10月1日、ドイツ検察は中国情報機関のためにスパイ活動をしていた中国人の女を逮捕した。

ライプチヒ近郊の空港で物流サービス会社に勤務し、軍事装備品の輸送やドイツ防衛企業の関係者の動向に関する情報をスパイ男に流していた。女から情報を受け取ったスパイはドイツ政党「ドイツのための選択肢（AfD）」に所属するクラーEU議会議員のオフィスで働いていた。

フィリピン入国管理局はアリス・グオ（音訳＝郭華萍）前バンバン町長が中国系犯罪組織に深く関与したとして解任された直後に海外逃亡、インドネシアで警察に拘束されたと発表した。グオ前町長は中国人、過去の履歴はまったく不明、フィリピン国籍があるのか、どうかも曖昧という。いかにもフィリピンらしい話である。インドネシア警察は拘束したグオをフィリピンに送還した。グオはフィリピン北部、バンバン町の中国系オンラインカジノが人身売買などの疑いで摘発された事件の取り調べを受けた。

とくにマネーロンダリングに手を染め、180万ドルを不正に送金していた。彼女は2003年にフィリピンに入国した中国国籍の人物と指紋が一致したため国籍さえ怪しい。グオの出生記録やフィリピンで学校に通った記録がないなど、22年に町長選で当選する前の経歴は闇の中、最初から中国から目的を指示されてフィリピンに送り込まれたスパイだったようだ。

中国製の機械もスパイなのだ

中華人民共和国が所有・運営する上海振華重工集団（ZPMC）が船舶から陸地までの港湾クレーンの世界市場シェアを独占してきた。驚くべきことにZPMCは現在、米国の港におけるクレーンの80％を占めている。

とくにZPMC製のクレーンにはコンテナの出所や目的地を登録し追跡できるセンサーが搭載されているため、米軍が海外の作戦に動員する物資などの情報を収集する可能性があり、安全保障上の脅威になっている。

というのもZPMCホームページに、「上海本社のオフィスを通してすべてのクレーンをモニターできる」と豪語していたからだ。

米下院報告書では「収集された証拠はZPMCがその気になれば、中国が米国を軍事的に利用し操作するのを助けるトロイの木馬として機能する可能性がある。海洋機器と技術に対する潜在的なリスクは、米国全土に影響を与える可能性がある」と述べている。

感度の鈍いバイデン大統領さえ「最低限のセキュリティ要件をできるだけ早く満たすことを目的として、港湾やその他の海洋施設におけるサイバー・セキュリティの責任を米国沿岸警備隊に割り当てる」とする大統領令に署名した。沿岸警備隊が施設や船舶のサイバー・セキュリティ検査を実施して、米国の港にサイバー脅威をもたらしている疑いのある船舶の移動制限が可能になる。

そのうえで新型港湾クレーンの米国内生産を目標に、今後5年間で港湾警備に200億ドルの投資を決めた。

第七章

中国人大富豪の合い言葉「それなら、日本に移住しようぜ」

全米の「孔子学院」（中国のスパイ機関）、廃校になったはずだが……

「米国を支持し、中国共産党に反撃するか、それとも中国の安全保障の側に立つか、どちらかだ」と獅子吼するプルーガー米連邦議会下院議員は「中国共産党は孔子学院を利用して米国の大学キャンパスに侵入し、スパイ活動を行い、知的財産を盗み、中国の反体制派を脅迫し、共産主義のプロパガンダを推進し、機密情報を人民解放軍に流した」と議会で息まいた。

この発言以前から米国人の中国観が変化して中国が世界的覇権を狙い米国に挑戦していることは脅威だと認識し始めた。中国人留学生らは米国で居心地が急に悪くなったと感じ始めた。

大富豪たちにも心理的変化が顕著となった。不正蓄財を米国に持ち込んだら将来の凍結対象になるかもしれない。げんにロシアの大富豪たちの在米資産はすべからく調べられ凍結されている。ロシアや中国のハッカーを攻撃しながら米国は密かに銀行預金や大金の移動を調べていたわけだ。

「アメリカンドリーム」なんて砂漠の蜃気楼《しんきろう》だったのかと、逃亡先はドバイ、シンガポール、そして日本を選択肢に加えた。事実、直近のデータでは1万7862人の中国人富裕層が日本で不動産を購入したことが分かっている（23年6月現在。ちなみに米国へ移住した中国人富裕層は4万人を超える）。日本に逃げる富豪を「潤日《ルン・リィー》」という。

くだんの下院議員は、「中国の孔子学院やその他の懸念を引き起こす団体と関係のある米国の高等教育機関への資金提供を禁止する法案」を提出。2024年9月10日、下院で249対161で可決された。共和党は全員賛成、反対のすべては民主党議員だった。中国ロビーが猛烈に民主党下院議員への攻勢をかけたのである。

米国の政治的空気は苛烈《かれつ》ともいえるアンチ・チャイナ感情を背景に、在米の「孔子学院」はスパイ機関とみなし、2023年までに次々と廃校、あるいは閉鎖が発表された。

全米学校協会が念入りに精査した『孔子学院実態報告書』（208ページもある）によれば、中国は米国の孔子学院プロジェクトのために2006年から19年までに1億5800万ドルを注ぎ込んだ。

日本の文科省も、このような調査をおこなうべきだろうが、早稲田大学、立命館大学など13大学にある孔子学院は〝健在〟である。廃校の議論さえ日本の国会でなされたことはない。

同報告書によれば「孔子学院は中国共産党の資金援助を受けており、教科書の選定と費用負担だけでなく、中国人教師を派遣している。『米中経済安全保障検討委員会2018年報告書』では「孔子学院と中国共産党の中央統一戦線工作部との関係が明らかになった」とした。

各々の報告書によって数に不一致があるが、全米118の孔子学院のうち105校が閉鎖もしくは閉鎖すると発表された。米国の孔子学院は2007年に31校だった。ピークは2015年で109校に膨れあがった（全米学校協会の数字。メディアは118校と報じている）。

ところが孔子学院が閉鎖を余儀なくされても、いくつかは名称を変更しただけで実際には存続されている。中国人のしぶとさ、その図々しさが分かる。その後の実態調査で、孔子学院は閉鎖されたが、中国共産党の指令により、同様のプログラムを学校名を変えて依然として実施している。

孔子学院ばかりか全米の大学のなかで、中国の国防七校といわれる軍事専門の大学と提携関係にもメスが入った。たとえばジョージア工科大学は広東省の「深圳研究所（CTSL）」との提携を「存続させない」と発表した。ジョージア工科大学は2016年に中国の公立研究大学である天津大学と設立に合意していた。

ジョン・ムレナー下院議員（共和党・ミシガン州選出）らは、ジョージア工科大学のアンヘル・カブレラ学長に宛てた書簡で、「天津大学が中国軍と密接な関係にあるにもかかわらず、ジョージア工科大学と提携している」と懸念を表明した。

ジョージア工科大学はエンティティリスト（米国が作成した中国のブラック企業リスト）の禁止事項により天津大学への技術情報の提供を禁止された。

2015年、FBIは天津大学の教授3人と中国人3人が中国政府のために米国企業からマイクロエレクトロニクスの設計を盗み、経済スパイ活動をおこなったとして起訴した。これらの中国人スパイたちはジョージア工科大学と天津大学の研究者らが開発した軍事用途のグラフェン半導体の機密を盗んだとされる。この半導体はエレクトロニクスの「パラダイムシフト」につながり、コンピューティングの高速化につながる可能性がある。

FBIは、米国の研究機関やハイテク企業に勤務する中国人が関与する技術窃盗事件が頻発しており、彼らは米国で勤務中に、中国共産党から金銭を受け取って最先端技術情報を中国に渡していたと警告を発している。

米国において中国人の居場所はますます窮屈《きゅうくつ》になってきた。

それなら日本へ逃げようぜ

旧約聖書の『申命記《しんめいき》』に次の一節がある。

「あなたたちの土地に住む外国人が徐々に力をもつようになる一方で、あなたたちは次第に力をうしなうだろう。彼はあなたに貸す金は持っているが、あなたは彼らに貸す金を持っていない。最終的に彼らはあなたの支配者になるだろう」

あれほど日中友好に尽くした親中派の巨魁《きょかい》・二階俊博議員の訪中団は軽くあしらわれ、しかもその日に中国軍はわが男女諸島上空を領空侵犯した。

ちゃんと抗議するかとおもいきや日本政府は「遺憾の意」を表明してお終《しま》い。アステラス製薬の日本人社員が起訴されても大使が4回面会しただけで、ほかに何もしない日本政府。「普通の国」なら領空侵犯にはミサイル迎撃、不当な起訴には日本国内の中国人スパイ十数人を束にして国外退去など、報復手段をとるのではないのか。

2025年1月、フィリピンで中国人スパイの摘発があった。これはフィリピンの国防情報を狙った大規模なスパイ犯罪で逮捕された中国人スパイらはドローンを駆使して在比米軍や比軍の拠点の情報を収集していた。撮影した画像をリアルタイムで中国に報告していたという。これら中国人スパイは現地女性との結婚や身分を偽装し、現地に滞在。「スリーパーエージェント」だった。

フィリピン軍本部は夜間でも撮影可能な「軍用級」カメラを押収した。逮捕されたスパイは中国人の鄧元慶《とうげんけい》と比国籍の男2人で、2024年12月から年初にかけて通信機器設置車を走行し、情報収集活動を行った。マニラの「キャンプ・アギナルド」など、重要施設を撮影していた。

1月30日には別の中国人5人の逮捕を発表した。彼らは西部パラワン島の比軍や沿岸警備隊の拠点を高解像度カメラやドローンで撮影した。フィリピンが中国軍に侵攻されている南沙（スプラトリー）諸島に近い同島は、比軍司令部や米軍が使う滑走路がある。スパイらは軍事上の要衝で米比両軍の動きを監視していた。

捜査当局に衝撃を与えたのは、両グループから押収されたスパイ道具の数々だった。海外から遠隔操作できる秀逸な機能を備えており、撮影された映像はリアルタイムで「遠隔地」に送信されていた。中国にデータを送信していたのだ。また夜間でも監視可能な「軍用級」のカメラも見つかった。

日本政府はこうした主権侵害に対するフィリピンの毅然《きぜん》とした中国人スパイ逮捕に踏み切った措置を、どう見たのか？

日本政府はなにもしないと最初から舐めてかかっているのが習近平だ。

――しょせん、武力のない日本が何をできるというのだ、もしやるんだったら在中の日本人を数十名、スパイ容疑をでっち上げ逮捕し、人質とするぞ、と脅せばよい。レアメタルの輸出禁止をやれば日本の企業は震え上がると考えている。

一方、大統領補佐官でしかなかったサリバンが北京へ行くと習近平は面談するのである。米国大統領の〝パシリ〟とは会っても日本議会の大物はパス。こうした情勢が続けば日本は中国の付属国家となり、日本政府は中国の臣下に陥落し、学校も乗っ取られ、靖国神社は中国の代理人首相のもとでぶっ壊される。とんでもない日本社会が出現する。

実際に四国の田舎で廃校になった学校を中国が買い取り、夏の合宿スクールなどと称して武闘訓練をしていた。孔子学院の変形である。日本の土地、それも水源地から森林地帯を含めてあちこちが中国に買われている。正確に言えば中国の命令を受けたダミー企業が土地を買収しているのだ

まがまがしいシナリオではない。このまま拱手傍観《きょうしゅぼうかん》を続けると、もっと醜悪な状況に陥

るだろう。そうなりかねないのは、政界の堕落を見ても分かる。日本精神を説き、軍事力を背景とする外交を主張する議員は、数えるほどしかいないではないか。なにかの間違いで議員になって秘書給与をごまかしたり、権力の魔力にとりつかれたかのようにパワハラに精を出し、地元への利益誘導だけが生きがいの政治家センセイって粗大ゴミだ。

日本は中国の侵略を前にして竦《すく》んでいる。日本人全体の精神が弛緩しているから、精神が腐乱している政治家が国の中枢にいても鈍感である。こんな油断だらけの国を乗っ取ることなど悪知恵にかけて世界一のシナからみればたやすいことだ。

事実、中国の「静かなる日本侵略」はとうに開始されている。在日シナ人は84万人もいて、そのうえ毎年、およそ3500人が『日本国籍』を取得している。あまつさえ中国共産党に忠誠を誓う中国人留学生が1万人以上。すなわち日本は乗っ取られつつあるというのが悲惨な現実。ところがその中国に阿諛追従し、へらへら作り笑いを浮かべて中国共産党の幹部と握手して記念写真を撮って帰り、自慢するバカ政治屋が、いるわ、いるわ。それも与党政治家の中におびただしい。

中国は自分たちにとって都合の良い「役に立つバカ」をつぎつぎとリクルートして親中派として育てた。カネとおんな、そして脅迫によって。「国防動員法」が発動されると、この中国のために役立つバカ日本人が、世論の分断工作などの攪乱工作に従事する。「役に立つバカ」とは無邪気にも自分では良かれと思ってやっている言動が、実質的に親中系の政治勢力に利用されている実態にさえ気がつかない御目出度い人物を指す。ウイグルや香港、チベットなどでの人権弾圧には目をつぶり、ただひたすら日中の友好親善に注力している自分は世のためになっていると勘違いしているのだから始末に負えない。この人たちに治癒の見込みはない。

なぜこうなったのかと言えば、日本は偽善に満ちあふれているからだ。その典型が『多文化共生』という美しい響きを持つレトリックである。これは「空理空論」と断定するのは佐々木類『ヤバイぞ日本──中国の「侵略」を直視せよ！』（ワック）である。

「ひとたび（多文化共生に）感染すると、『日本は民度の高い先進国として、貧しい国から外国人を大量に受け入れる開かれた国になるのだ』という強迫観念に囚《とら》われてしまうのだ。向かっている先は、国同士が積極的に交流していく『国際化』ではなく、物理的にも内面的にも国家の壁を壊す『グローバル化』だ」

つまり多文化共生という美辞麗句は、中国の静かなる日本侵略の手段でしかないのだ。

他人の国へ侵入し、自分たちのコミュニティをつくり、日本の規則には従わない。つまり「多文化」ではなく「他文化」だ。

ここで前掲佐々木は、西尾幹二の名言を引用する。

「他民族共生社会や多文化社会は世界でも実現したためしのない空論で、元からあった各国の民族文化を壊し、新たな階層分化を引き起こす。日本は少数外国人の固有文化を尊重せよと言われるが、彼らが日本の文化を拒否していることにはどう手を打ったらよいというのか」（産経新聞『正論』2018年12月13日）

慰安婦、南京、731等々。悪質なプロパガンダが日本を貶《おとし》めているが、日本政府は正式な抗議もしない。メディアは無視する。だから誰も本当の裏側を知らない。日本を貶めている集団はさまざまな形に扮しているが同根の、グローバルな反日団体、しかも活動歴を閲覧すると、同じ人物たちが重なっている。プロパガンダによって中国と韓国を動かす。その正体とは「戦後賠償マフィア」である。

このグローバルな反日団体が撒き散らした荒唐《こうとう》無稽《むけい》な政治宣伝は、歴史的証拠も根拠もない。証拠を並べて反論すると、まともな論駁《ろんばく》を逃げて、歴史修正主義のレッテルを貼り、レイシスト、ファシスト、そしてネオナチとくる。反駁の底の浅い方法も共通である。

政治には「決死の士」の中核軍団が必要だ

中国ビリオネアの悲哀を書いているうちに、日本政治にあまりに貧弱な実相を書き出したら止まらなくなった。

もう少し続けると、私たちがイメージした『自民党』は綱領に「憲法改正」を鮮明に明記していた。その『自民党』と現在の〝自民党〟は似て非なるもの、ひとことでいえば保守の立場を忘却した「利権に群がる烏合《うごう》の衆」である。それでも野党より多少はマシなのは、しっかりした議員が少数なれど存在していること、彼らがひとたび主導権を握れば、残りの自民党議員は流れに乗ってついてくる。彼らにとっての命綱とは権力にすがることだから。

自民党は時に左翼となる。後藤田のような極左が中曽根政権の中枢にいた。その後も政治信念などまったくない金丸トカ、野中トカ、古賀トカが政局を主導した。日本は泥沼に陥落し、世界から馬鹿にされた。

「自立自尊」とは自らの憲法を持ち、自衛できる常識的な軍隊があり、国民を糾合するスピリットを持つこと、それが独立主権国家の存立理由だろう。また世界の常識である。自民党は改憲綱領を忘れ、日米同盟深化を国家安全保障の根幹に置くという錯綜《さくそう》ぶり。米国依存だった南ベトナム、カンボジア、昨日のアフガニスタン、いずれも米軍が去ると、傀儡《かいらい》政権はたちまちにして崩壊した。在日米軍はやがて去る。そのとき日本人が防衛に立ち上がるのか、すぐに中国の降伏するのか。

筆者が政治について考えるとき、脳裡《のうり》にすぐに浮かぶのは小林秀雄の言葉である。石原慎太郎が政界進出を決意して小林に相談した。すると小林が言ったのだ。

「君の周りに君のために命を捨てる〝決死の士〟が何人いるか、それが政治というものさ」石原は三島由紀夫の死が強い衝動となって、憲法改正を実現させるべく血判という盟約で同志を糾合し『青嵐会』を組織した。ハマコー（浜田幸一）やミッチー（渡辺美智雄）らがいて、議会の内外でおおいに暴れたが、中川一郎の自裁によって勢いを欠く。やがて「石原派」に衣替えしたものの、いつしか青嵐会は消滅した。筆者の政治への期待はここで終わった。以後、永田町に出入りすることは激減した。安倍政治にも高い期待を抱かなかった。安倍晋三の周囲に〝決死の士〟があまりにも少ないうえ、二世議員らには迫力がなく、政策通はいても政治家はほとんど見当たらない（青嵐会に関しては菅谷幸浩『青嵐会秘録』〈並木書房〉が第一級の史料である）。

政治とは組織の中枢を占める中核軍団が必要なのである。過日、あるパーティで来賓に岸田前総理が登壇した。演説などありきたりの挨拶より驚かされたのは、まだ彼の周りにSPが数名警護にあたっているという錯覚的な現実だった。暗殺に値しない政治家を守る制度的な宿痾だろうが、パスカルが言った言葉「力なき正義は無力だ。その正義が誤ったものであっても現実的には無意味だから」だ。

権力中枢は中核軍団だが、現代日本の政治でいえば派閥である。その派閥をなくそうというのだから、世界の非常識を日本の政治家が展開していることになる。みみっちい金額のことで裏帳簿だとか不記載とか、重箱の隅を突き合っている。かくして日本の政権与党には確固たる指標も命がけの政治信念も喪失したのである。

ゾンビ中国、泥沼から這い上がろうと責任を他人に押しつける手口

とはいうものの中国経済は日本の〝失われた30年〟よりもひどい泥沼に陥落した。這《は》い上がるにはよほどの改革が必要だろうが、現在の執権党（中国共産党）では無理な芸当である。住宅はさっぱり売れず、半額セールの「保障制住宅」（公営住宅）を建設する等と唱えている。しかし不動産価格が下がると銀行の不良債権が急拡大する。

大手術を回避して小手先の措置を続けると、状況はさらに悪化する。不動産関連の不良

債権が、信用という社会のスキームを脅かすことになる。

何が起こっても不思議ではないが、次なる公式発表には首をかしげただろう。中国の銀行が「不良債権率」を〝減らした〟というのだ。中国人民銀行は0・5％の利下げを発表したが、その前の2024年9月13日の段階で主要31銀行が不動産融資を抑制したため、不良債権が劇的に減ったとの発表があった。

香港に上場する中国の銀行は31行で、不良債権残高の合計が6兆円強という。地方政府の債務が1600兆円と言われているのに、こんな少ない数字であるはずがない。

渤海《ぼっかい》銀行は不良債権残高を60％減らしたそうな。地方政府の資産管理会社に不良物件を引き取らせたからだ。鄭州《ていしゅう》銀行は抱え込んだ不動産物件100億元分を売却するとした。貴州銀行は不良債権残高を30％減らした。ともかく帳簿上の「不良債権」を「資産管理会社」という曖昧な機構に売却し、帳簿を綺麗に見せているだけ、倒産物件整理の管理会社の実態は地方政府だから、不良債権が銀行からほかの機関へ移動しただけなのである。

「中国経済は先行き悲観的である。建設途中のまま放置されたマンション群、不良債権の状況は深刻であり、そのうえ情報への不信、政府が統計を改竄《かいざん》し、真実を隠蔽《いんぺい》し、時折、非現実的な政策を提案して見せる。情報の操作、統制は経済再建という中国の大目標を困

難にしている』（英誌『エコノミスト』24年9月7日号）

3月の全人代で唱えられた25年の中国のGDP成長率は5％前後だとか。3割水増しが常識だから、誰も信用しない数字を並べても、この中国の公式データを援用するのは日本のメディア、エコノミストとIMFくらいではないか。

国家統計局発表の別の数字がある。金融機関の数は10万7000行で、22％の減少。従業員は1235万人で、これも27％減である。大量の失業が発生したはずである。

不動産関連ビジネスの従業員は2711万人で、27％減。反対に負債は41％増えていた。不動産の法人数は22％減だった。つまり大不況の結果、レイオフ、馘首《かくしゅ》、失業の群れが第二次産業と第三次産業で発生したことになる。運良く外国企業で働いた中国人はピーク時に3000万人を超えていた。現在推計で1000万人を割り込んでいる。外国企業の海外移転、中国におけるビジネスの規模縮小、工場閉鎖が続いたからだ。

げんに中国に駐在していた日本人はピーク時の2012年に15万人を超えていた。2024年の外務省『海外在留邦人数調査統計』によれば、2024年に9万7000人となって、40％前後が中国駐在をやめて引き揚げたか、別の国へ移動した。コロナ禍、治安悪化、そして中国人給与の高騰などが原因である。

鄧小平が大嫌いな習近平が鄧小平礼賛をとなえる矛盾

一方で中央銀行は資金供給を増やし、また良い物件なら選別して融資するという、優先政策で「不動産融資協調制度」（別名『ホワイトリスト』）を創設した。いずれも小手先のパッチワーク。「やってまっせ」というジェスチャーに過ぎない。

習近平の周りに経済ブレーンが不在で、バブル破産は不動産業界と金融機関の「不始末」によって引き起こされたという誤った認識しか持っていない。無茶苦茶な投機が不動産バブルを生んだのであり、それは政策的失敗が主因だが、責任を取る意思がないから他のことにすり替えるのである。まして本格的な対策を考える思考力もない。西側経済学をマスターした開明派のブレーンたちはいなくなって、毛沢東理論とマルクス経済学しか知らない人たちが、経済政策の舵取りをしているのである。空恐ろしいことだ。

中央政府は、地方政府と大手国有銀行を含む国有企業の「隠れ債務」を隠蔽してきたため、泥沼が底なしになった。不良債権とは有利子負債のこと、この天文学的債務は膨らみ続ける。

2024年8月22日は鄧小平生誕120年の記念日だった。

習近平国家主席は、突如、何かに衝き動かされたかのように、あれほど嫌った鄧小平を「顕著な貢献をした、中国の特色ある社会主義の推進を促した偉大な指導者」と言い出した。

「鄧小平の業績は歴史に永遠に刻まれ、常に後世にインスピレーションを与えるだろう。鄧小平は党中央集団指導部の第二世代の中核であり、中国の社会主義改革、開放、現代化の主要な設計者であり、中国の特色ある社会主義の先駆者だった。世界の平和と発展に多大な貢献をした偉大な国際主義者でもあった」と付け加えた。

泉下《せんか》の鄧小平も聞いてびっくりだっただろう。

この礼賛はさらにオクターブが上がり「中国がマルクス主義を状況に適応させるという新たな突破口を開き、社会主義現代化で新境地を開き、国の完全な統一への正しい道を切り開くよう促した。その歴史的業績は包括的かつ画期的で、中国と世界の両方に深く永続的な影響を与えた。彼の偉大な歴史的業績を永遠に記憶し、彼の崇高な革命的行為を永遠に尊敬する」

そのうえ「中国の完全な統一を実現することは、毛沢東、鄧小平、その他の古い世代の革命家たちの長年の願望である」と台湾統一にも言及した。

庶民は「改革開放」の環境の下、少しばかりの自由を享受できた鄧小平、江沢民、胡錦濤の時代を懐かしんでいる。かなり自由な雰囲気が、あの時代の中国にあった。事態がまずくなると江沢民は「反日」を政治武器として活用した。中国全土206カ所に反日を主眼の歴史記念館を建てた。

中国の官吏の特徴は文豪の林語堂が言ったように「賄賂賄賂賄賂賄賂」である。とくに海外プロジェクトほど賄賂と汚職が蔓延《まんえん》しているのに誤魔化せる分野はない。政府の交渉人、窓口の役人、融資する銀行、資材企業、労働者斡旋《あっせん》企業、運送会社などなど。海外の実情を当局はすぐに把握できないため、「汚職の伏魔殿《ふくまでん》」と言われた。

不良債権の山とは汚職の積み重ねの結果でもある。

習近平が2013年から開始した「一帯一路（BRI）」ではアジア・アフリカから中南米、南太平洋の島嶼《とうしょ》国家にいたるまで、インフラ建設が目白押しになった。どの国の山奥へ行っても中国企業の看板があった。

たとえばパプアニューギニアの国際会議場は中国が建てた。東ティモールの山奥でも中国企業の旗、現地へ行ってみると、橋梁《きょうりょう》工事をしていた。「JICA（国際協力機構）が金を出し、中国企業が請け負う」という定番である。対外宣伝で中国はBRIに1兆ドルを注ぎ込んだとしているが、実質上7000億ドル前後をBRIに投じた。案の定、大規模な汚職が進行していた。一帯一路は「過剰在庫の処理」が目的の一つである。

そして変化が起きた。中国の汚職摘発機関（中国共産党中央紀律検査委員会＝ＣＣＤＩ）が〝ＢＲＩ汚職〟の捜査を開始したのだ。「一帯一路構想による海外の建設プロジェクトを捜査対象に挙げた」とインド、香港のメディアが報じた。腐敗の防止・対策・摘発に重点が置かれているという。

これまでのＣＣＤＩの捜査実績は国内が対象で、１９９５年の「長城公司事件」では当時北京市党委書記で、大規模な汚職事件に密接に関わった陳希同《ちんきどう》を政治局委員から解任、中央紀委書記だった尉健行《いけんこう》が北京市の党委書記を兼任した。陳希同は江沢民最大のライバルだった。古参幹部だった陳希同は江沢民を小僧扱いしていた。

「遠華密輸事件」ではＣＣＤＩ副書記だった何勇《かゆう》が陣頭に立って捜査にあたった。

石油の密輸船を海軍が護衛し、党高官は〝愛の館〟というハーレムで美女の歓待を受け、汚職構造のなかで特権を享受し密輸黙認という大がかりな汚職事件だった。主犯はカナダに逃亡したが、10年後に中国に送還された。この間に関係者の多くが不在となって、真相はいまも謎のままである。

ＣＣＤＩの歴代書記は朱徳《しゅとく》、董必武《とうひつぶ》、陳雲《ちんうん》、喬石《きょうせき》ら党の大物が務めてきた。１９９２年頃から党の序列人事となって尉健行、呉官正《ごかんせい》、賀国強《がこくきょう》らがポストに就いた。習近平時代には、このポストを政敵排除の武器として活用することが露骨になった。辣腕家の王岐山が登板し、江沢民派、団派（共産主義青年団）という敵対派閥、ライバル派閥の汚職にだけメスを入れた。同時に習近平派がライバルから利権を手に入れたことを意味する。その後、汚職追及の責任者となった趙楽際《ちょうらくさい》は、自らも多くの汚職に手を染めていたため辣腕を振るえず、２０２２年からは序列７位の李希《りき》が中央紀律検査委員会を率いている。25年３月の全人代最終日に、趙楽際は予定されていた演説を部下にゆずり、会場に姿を現わさなかった。

これまで李希ＣＣＤＩ書記は国内の汚職の温床を捜査対象としてきたが、海外プロジェクトが絡むと外国の政治家や国際金融機関が連鎖するため、対外的な対応ができる権限を持った新組織が必要となると提議してきた。

習近平は24年１月９日に「中国共産党20期中央紀律検査委員会第３回全体会議」を招集し、次を強調した。

「反腐敗闘争は強力な腐敗撲滅キャンペーンを経て、圧倒的な勝利と全面的な強化を得た。しかしながら情勢は依然として厳しく複雑である。われわれは反腐敗闘争の新たな状況と動向に対する冷静な認識、腐敗問題が生まれた土壌と条件に対する冷静な認識を持つ必要がある」として改革を示唆したのである。

第八章

世界が中国に背を向けた

米議会下院には新しい「中国制裁法」のオンパレード

2024年9月9日、米下院議会は「台湾紛争抑止法」を満場一致で可決した。中国が台湾を攻撃した場合、中国共産党高官らの「違法な」金融資産に関する情報を公開し、凍結する。中国の台湾侵略を抑止する目的を含むもので、ロシア富豪たちの資産凍結と同様な措置である。

条文には「公務員の特定の近親者に対する金融サービスも制限する」と記されている。要するに共産党高官のダミーによる在米資産凍結、没収が狙いだ。米当局はネット傍受などによって中国人富豪らの資産の移動、送金先の口座をちゃんと把握している。

同法案は23年1月にフレンチ・ヒルとブラッド・シャーマンの両議員によって提出された。時間がかかったのは民主党内に巣くうパンダハガー（親中派議員）たちの遅延作戦、議会戦術の所為《せい》である。

この法律では「中国が台湾の自由な人民を攻撃することを選択した場合、財務長官に対し、金融機関の名前や口座名義を含む北京の最高指導者の『不法資産』を公表することを義務付ける」としている。「腐敗した役人たちに、政府の給料だけで如何にして富を築いたのかを中国国民に説明させるべきであり、一方で中国政府は国民に社会保障を提供できず、不動産負債の沈没で多くが経済的打撃を受けている」とシャーマン議員は提出理由を説明し、こう続けた。

「中国政府そのものへの報復に焦点を当てているのではなく、むしろその政府に属する個人（権力を笠に私腹を肥やした汚職高官）に焦点を当てている」

法案通過を受けて台湾の林佳龍《りんかりゅう》外相は、「米国議会が創造的かつ効果的な方法で台湾に対する中国の軍事侵略を抑止した」と感謝の声明を出し、「この法律により中国共産党の勢力拡大を共同で阻止し、インド太平洋地域の平和、とくに海峡両岸の安定と安全を維持することが可能となる」と述べた。

同年9月10日から2日間で、米国下院は続けざまに中国制裁目的の法律を可決した。

まずは「中国の孔子学院やその他の懸念を引き起こす団体と関係のある米国の高等教育機関への資金提供を禁止する法案」を可決。２４９対１６１だった。

国土安全保障長官は、この法律の制定から1年後に始まる会計年度から、孔子学院または懸念を引き起こす中国の団体と関係のある高等教育機関が、孔子学院または中国の関係団体との関係を終了しない限り、国土安全保障省の資金提供対象から外す内容で、事実上の孔子学院規制である。

ワシントン州選出の共和党下院議員ダン・ニューハウスは「中国共産党は長年にわたり、米国の若者をターゲットに工作をつづけ、中国共産党と人民解放軍の工作員は大学生に影響を与える戦略を実行してきた。大学は、中国共産党や人民解放軍との関わりや関係について責任を負わなければならない」と法案理由を説明した。民主党の一部はトランプ政権時代に司法省が打ち出した「中国行動計画」を〝新マッカーシズム〟と呼び、反対に回った。

ついで「香港経済貿易局認証法」を413対3の圧倒的多数で可決した。中国外交部はただちに反論し「在米香港特区経済貿易事務所の特権と免除待遇の撤廃、ひいては事務所の閉鎖まで騒ぎ立て、香港の国際的な名声を汚し、香港の対外経済貿易協力を抑圧している。断固として反対する」。

9月11日には「2024年米国農業保護法」を269対149票で可決した。

これは米国農業への外国投資に関する1950年国防生産法の改正で、対米外国投資委員会（CFIUS）に対して、中国、北朝鮮、ロシア、またはイランの外国企業が関与し、米農務省によって提出された報告対象の農地取引について報告義務を謳《うた》っている。

農地、農業用バイオテクノロジー、または農業産業（農産物の輸送、保管、加工など）に関する規制で共和党の中国最強硬派のジョン・ムーレナー下院議員（下院の中国問題特別委員会委員長）が提出していた。

すなわち連邦所有地に隣接する地域で中国共産党の土地取得を阻止する法案だ。これは「中国共産党の米国土地取得禁止法」と呼ばれ、中国共産党の代理人や中国共産党所有の企業が連邦所有地に隣接する米国内の土地の購入を禁止する内容となっている。

ついで下院は「中国制裁」を主眼とする法案を可決した。2024年9月25日、米下院は、「中国共産党の専制と抑圧に対する制裁法案」を賛成243、反対174で可決した。反対に回った多くは民主党議員だ。これは「中国共産党阻止法」と呼ばれ、骨子は「中華人民共和国共産党全国代表大会の議員に制裁を科す」ことにある。中国共産党が「香港の自治権の侵害」「台湾の人々に対する攻撃の激化」「ウイグル族のイスラム教徒に対する弾圧と大量虐殺行為」の責任を負っているからである。

大統領が「制裁対象行為」がおこなわれたと判断した場合、中国共産党中央委員会、ならびに中央委員候補およそ360人が米国内での不動産の売買を禁止される。これらの指導的共産党幹部は米国への入国ビザを取得できなくなる。既存のビザは取り消される。

共産党高官の在米資産凍結。入国禁止など即座に対応できる法源となる。制裁対象となる行為は、「香港の自治権を侵害する」、「台湾の人々に対する嫌がらせ、脅迫、または攻撃の激化をもたらす」、「ウイグル族のイスラム教徒を含む中華人民共和国内の個人または社会集団に対する政治的抑圧、人権侵害」等となっている。そうした政策の「策定または実施において重要な役割を果たす」行為を対象とする。つまり大統領が決断すれば、何時でも発動できる制裁手段が盛り込まれている。

下院通過の法案は既存の「台湾関係法」の重要性を繰り返して強調しており拡大版とも言える。米国は「台湾の人々の安全、あるいは社会経済体制を危険にさらすような武力やその他の形態の強制に抵抗する能力を維持する」とする基本姿勢を明確にしたのである

この「中国共産党阻止法案」の可決は、中国共産党幹部を標的とした一連の法案につづくもので、党の宣伝機関の主張とは裏腹に、彼らの多くは米国に多額の金融資産を保有している事実がある。

そして中国ビリオネアの心理的変化が起きた。「米国がダメなら日本があるさ」が合い言葉となったのだ。

バイオセーフティ改正法とは？

9月9日、米議会下院は賛成306票、反対81票で、「バイオセーフティ法改正案」を可決した。

中国外交部の毛寧《もうねい》報道官は「米国が中国企業に対して『差別的措置』を講じている」と非難し、「中国企業を不当に抑圧するためにさまざまな言い訳を乱用することをやめろ」と獅子吼した。法案には中国企業名が網羅されていたため当該中国企業数社も声明を発表し、「米国の国家安全保障に対するいかなる脅威」も否定したうえで、法案の展開に細心の注意を払っていると述べた。中国関連企業の株価は大幅に下落した。

「バイオセーフティ法」は共和党の下院議員マイク・ギャラガー（下院中国問題特別委員会委員長＝当時）が民主党議員のラジャ・クリシュナモーティと共同で提案されていた。時間がかかったのは米議会の仕組みと優先議題が多数審議中だったからだ。

中国側のロビー工作も舞台裏で展開されていた。主眼は国家安全保障上の脅威と認定された中国のバイオテクノロジー企業と米国連邦政府が取引を行うことを禁止し、米国の税金が関連企業に流れることを防ぐ契約を結ぶことを目的としている。「外国の敵対者」という表現が盛り込まれた。とくに米国の機密医療データを収集している中国企業が標的とされた。

ジョン・ムーレナー委員長は、「私の同僚の中には、この法案に中国企業を名指しすることに疑問を抱いている人もいるかもしれないが」と注意を喚起しつつ、「議会には国家安全保障関連法を制定する憲法上の義務があり、そのなかには国家安全保障に対する脅威となる『外国の敵対者』によって支配されている企業を調査し、その法律の中で名指しすることも含まれる。それらの企業は『ＢＧＩ』、『ＭＧＩ』、『無錫無錫ＡＰＰＴＥＣ』、『無錫生物製剤』など5社である。国家安全保障に対する容認できない脅威となる証拠は明らかである」と採決前に演説した。

「これらの中国企業は遺伝子配列決定とバイオ医薬品の先進企業で、中国軍民融合戦略の一環であり、米国の国家安全保障に脅威をもたらすと考えられる。ゆえにこれらの企業と協力すると、米国の機密医療データが中国政府の手に渡る可能性が高い」とムーレナー議員は発言した。とくに「無錫無錫ＡＰＰＴＥＣ」は２０２４年3月に、機密性の高い医療知的財産権を中国共産党の公式部門に譲渡したと米国の安全保障局が指摘していた。

「ＢＧＩより深刻なのは、同社が遺伝子配列決定とバイオテクノロジーにおいてファーウェイ同様に、中国共産党軍と協力していることだ。遺伝子配列決定技術がひとたび兵器化されれば、それが中国共産党によって利用される可能性がある」

同日、下院は「反中華人民共和国悪影響基金認可法」を３５１対36の投票で可決した。

これはおびただしいフェイク情報との闘い、透明性の促進、汚職の削減、中国の経済行動やその他関連する事項への対抗など、中国共産党の世界的な影響力と闘うために会計年度で２０２３年から27年まで毎年3億２５００万ドルの当該基金への支出を承認した。

アンディ・バー下院議員は「中国共産党の世界的な影響力の増大は、国家の主権と、我々が守ろうとしている『自由で開かれた国際秩序』を直接脅かしている」とし、「この法案は、我々に中国に対抗する手段を提供するものである」と述べた。

米議会下院が9月9日に可決した中国制裁法は、「台湾紛争抑止法」、「中国共産党のドローンに対する抵抗法」、「経済スパイ防止法」。

9月10日に下院が可決した法案は、「孔子学院および中国関連団体に対する国土安全保障省の制限に関する法律」「香港経済貿易局認定法」「2024年米国農業を外国の敵から守る法」「2024年米国電気自動車分野における中国の支配の終結」などだ。

かくして全米に蔓延するアンチ・チャイナ風潮を背景として、米議会下院は中国制裁法案のオンパレードとなった。

日本はこれらの米国の法律を深く吟味し新しい対応をとるべきだが、なにひとつ進展はない。

10月1日は中国の国慶節。世界中でも華僑《かきょう》らが慶祝行事を開催し、お祝いムードに包まれたかと思いきや。

米国では香港の活動家たちがワシントンDCにある「香港経済貿易局」の前で示威行

進と情宣活動を行い、「（下院を通過した）『香港経済貿易局の特権と免除を剝奪《はくだつ》するよう求める法』（略称「香港経済貿易局認定法」）を、上院も速やかに可決するように」と呼びかけた。彼らは法案の背景を紹介し、上院議員に電子メールまたは電話で法案可決への支持を求めるよう訴えた。

当該法案は行政府に対し、ワシントン、ニューヨーク、サンフランシスコにある3つの香港経済貿易局が現行の特権、免責を延長できるかどうかを、法案発効後30日以内に認証することを義務付けている。

香港の李家超《りかちょう》行政長官は、「香港国家安全維持法を中傷し、香港の人権状況に対する信用を傷つけるものだ。これは国と特区の発展を抑制するための政治的目的であると考えており、米国が独自のやり方を貫けば、中国は効果的な対抗策を講じることになるだろう」と反論した。香港行政長官はいまや北京のあやつり人形だから、北京の言い分を代弁しているだけである。

舞台はロンドンに移る。国慶節の日に反中国のデモと集会が開かれた。彼らは「旧王立造幣局」に集合し、「新しい中国大使館建設」に抗議し、同時に中国政府による人権弾圧を批判した。旧王立造幣局跡地が新しく中国大使館となる予定で、中国は英国当局に「博物館」の建設を申請している。

参加者は「民主主義がいかに脆弱であるかについての警告だ。民主主義を守るために行動しなければ、いかに簡単に（独裁者によって）侵入されてしまうか。大使館を拡張する計画は受け入れられず、中国の影響力を許すことはできない。中国が英国に深く浸透する前に最後のチャンスだ。英国政府はこの計画を阻止するために迅速に行動しなければならない」と口々に訴えた。２０１８年、中国政府はランドマークのロンドン塔の向かいの土地を２億５５００万ポンドで購入したところ、地元市議会は２０２２年12月に「博物館を建設する」という中国の計画を全会一致で拒否した。２０２４年になって中国は当該市議会の拒否決定は「根拠がない」として再度申請を提出した。

デモ参加者は、「共産主義国が資本主義国にこれほど大きな大使館を建てるのは実際には不必要であり、また中国は国境に関係なく民族を弾圧している」と主張し、ロンドン市民の注目を集めた。在留チベット人参加者は、「チベットにとって、１９５０年の中国の侵略から75年間は苦しみ以外の何ものでもなかった。多くのチベット仏教寺院は破壊され、精神的指導者たちは亡命を余儀なくされ、チベット国民は『基本的人権』を失った。中国共産党の恐るべき弾圧、恐怖政治だ。世界で起きていることだ。我々は英国政府に対し、中国沈黙を続けず、この問題を無視しないよう求める」と訴えた。

日本児童殺害事件以後、中国からの撤退が本格化

外国企業の中国への直接投資は、ドイツを除き激減、とくに目立つのは台湾企業の集団撤退である。

2024年9月には反日活動家による日本人児童殺害事件が起こり、「生産拠点における リスク分散において常にもっとも優れてきた日本が、日本少年殺害事件を契機に、中国共産党の長期にわたる反日プロパガンダの影響状況に照らした結果、台湾に次ぐ外資の中国撤退の波を形成しつつある」（在米華字紙『博訊新聞網』24年9月29日）。

米国有数のシンクタンクCSIS（戦略国際問題研究所）は、「台湾の産業は戦略地政学的リスクに対応している」とする研究結果を発表した。「台湾企業の57%が撤退プロセスにある。中国本土から離れたか、撤退を検討している。台湾企業610社へインタビューした結果である」

撤退理由としての回答順では（1）高すぎる人件費（33%）、（2）サプライチェーン中断の可能性（26%）、（3）投資政策の変更（25%）となった。一番の理由と想定された「安

全保障上の憂慮」は下位だった。理由の4番目が海峡両岸戦争のリスクに対する懸念(24%)だった。

日本でも小籠包と点心で有名な「鼎泰豊《ティンタイフォン》」も中国市場からの撤退を発表した。台湾企業のなかには「撤退が遅れるとコストがかかる」という分析がある。しかしいまさら撤退しても、基本的に手遅れである。

中国共産党は税務調査、土地使用調査、あるいは突然の規制変更などで身ぐるみはがそうと躍起であり、台湾企業の経営者の一部は事実上〝夜逃げ〟同然の逃亡をなして、身の安全を守った。

進出初期には地方政府から安価な土地提供と電気水道工事への補助金があり、外国企業の多くはこの制度を利用して進出したが、いまや不動産使用権を売りたくても売れない。工場施設の中古市場も壊滅しており、スクラップにするしかない。

台湾企業の中国投資は最初、給料の安さが魅力的で最大の進出動機だった。そのうえ台湾対岸の福建省は同じ閩南《びんなん》語だから言葉が通じる。この時代、台湾へ行くと食堂に5、6人の経営者仲間があつまって、「中国に妾をおいているが毎月1万5000円だ。能率給を導入したらよく働く。台湾の人件費の10分の1でいい」などと形而下の話題で持ちきりだった。

台湾の大企業の本格進出は台湾プラスチックだった。筆者は同社本社にCEOの王永慶《おうえいけい》(「台湾の松下幸之助」といわれた)にインタビューに赴いて、「台湾併呑《へいどん》を言っている中国に進出して大丈夫ですか」と訊いたことがある。「中国人と台湾人は言うことと遣ることが違う。彼らの本心はよく判かるさ」と言っていた。当時、李登輝政権は海外への直接投資を5000万ドルが上限としており、台湾の世論は台湾プラスチックの本格的進出に慎重だった。そうこうしているうちに台湾企業、台湾と合弁する日本企業の進出が本格化し、台湾馬淵モーターのCEOに会うと「蘇州名誉市民に選ばれ、行くとパトカーが先導する」と自慢していた。

またまた状況が変転し、台湾独立運動の胴元として知られた奇美《チーメイ》実業の許文龍《きょぶんりゅう》までがパネル工場を大陸に建てた。筆者はその直前に台南の自宅で許文龍に夕食に招かれ、意見を交換したばかりだった。

2023年11月に亡くなったが許文龍は世界的なバイオリンの蒐集家《しゅうしゅうか》としてよりも台湾独立運動のスポンサーとして有名だった。案の定、社員を人質に取られ、「台湾独立に反対」の意見広告を台湾全紙に打たされた。李登輝は「許さんの心境は台湾人なら理解できる」と発言したものだった。

過去30年間に台湾企業が2万5000社、日本企業の1万3000社が中国に投資し中国の高度成長を支えた。ところが人件費も〝高度成長〟し、さらに加速度が付いて台湾の人件費と並んだ。コストメリットは消えた。23年、三菱自動車工業が撤退し、日本製鉄も中国の宝山鉄鋼公司との20年間の協力関係を終了した。「誰もいなくなった」工業団地があちこちに出現し「鬼団地」（ゴースト・インダストリアル・パーク）となる。

あるとき「中国は8億人の貧困を救い出した」と豪語した。そのあまりの「公然たる嘘」に驚かされた。

世銀の貧困基準は「1日当たり1・9ドル」。この基準以下を「貧困」と定義している。たしかに1・9ドルならば、世銀のいう「貧困」は中国ではごく少数だろう。事実、1981年に中国の88％が貧困であったが。2023年には世銀インデックスの「1・9ドル」を当てはめれば中国の極貧困世帯はゼロになる計算になる。数字のマジック、まるで実情を反映していない。

PPP（購買力平価）で計るといくらか、ジニ係数は本当のところ、いくらなのか。中国の公表数字は作為的で信用に値しない。そこで、OECD基準ならどうか。貧困の定義は「1日2100カロリー以下」がOECDの基準である。実質の貧困の度合いは食費、住居費が基本で、都市生活者の可処分所得はいくらか上昇したが、都市にあふれるホームレスや大量の失業の群れという矛盾に対して的確な回答はない。

都市化は中国で急激に進行した。都市人口が刮目《かつもく》に値するほど増えた。２００３年から２０２２年までの統計で人口２００万以上の都市の数は、32から72となった。上位20の都市の人口だけで中国全体の人口の17％となった。このため中国は人口分散化を企図し、他方では農業生産強化を訴えるという二律背反を繰り返す。

「成長神話」は終わった。失業者の多くは農村へ戻った。『中国の夢』が無残に挫《くじ》けたことを中国人のおおかたは自覚している。

かつて中国人人気作家の柏楊《はくよう》が『醜い中国人』（カッパ・ブックス）を書いてベストセラーとなった。光文社の編集者から原本入手を頼まれ、筆者は台湾の友人に電話して速達航空便で送ってもらった。１９８８年に日本語版（宗像隆幸らが翻訳）が出て日本でも評判となった。爾来《じらい》、40年を閲《けみ》し、２０２２年になって柏楊未亡人は、『醜い中国人』を絶版とした。台湾でも中華思想組が残存しているから政治力をかけたのだ。

２０２４年初頭、中国の株式市場の時価総額は6割減となった。潤沢にあった投機資金が忽然《こつぜん》と「蒸発」していた。外国ファンドは90％が引き揚げた。中国証券監督管理委員会の易会満《えきかいまん》主席は責任を取らされて解任された。

マンション建設が中断し、物件が引き渡されない。けれどもマンションギャラリーを見学しただけで頭金を支払い、住宅ローンを契約した人は銀行口座から自動的に引き落とされる。すると庶民は不動産ローンの支払い中断で抗議した。不動産デベロッパーのドル建て社債はデフォルトの連続。凄まじい焦げ付き。当該デベロッパー本社へ抗議活動をおこなうと公安が自宅にやってきて「二度とデモや抗議行動に加わるな」。個人の預金残を調べて「不動産を買え」「株を買え」「ＢＹＤを買え」と脅迫まがいの強要を展開した。

バブル破綻の惨状は、まだ序の口、これから凄まじい経済破綻の地獄が始まる。

中国の債務総額１京円。社会融資総額７２００兆円（シャドーバンキングを含めて）。うちわけは銀行ローンが４６００兆円、ノンバンク２７００兆円（中国の公式ＧＤＰ＝２８６兆円）

地方自治体の累積赤字は１６００兆円（融資平台の債務残高。公称でも１２００兆円）。新幹線の累積赤字は公式発表でも１１４兆円（実態は１６０兆円を超える）。地方都市の地下鉄建設の負債も想像を超える赤字。

外貨準備が３兆ドルあるのなら、なぜ米国債を静かに売却したり、外銀からドルを借りるのだろうか。外貨準備高はゼロに近いとみてよいだろう。外国銀行から借りたドルも、外貨準備高に算入していたのだから。

すでに四半世紀前から黄文雄が指摘していた。若い中国人にアンケートをとると、「来世は豚でもいいから中国人には産まれたくない」と回答するのが60％以上だった。将来が暗くて夢がないのなら、結婚もしない。子供もつくらないという人生観に陥る。中国の出生率が日本より低くなった。

富裕層は資産を海外へ移し、子供たちは外国に移住させ人民元の資産を持たない。

このような行動の心理的背景は庶民が人民元を信用していないからである。政府を信頼せず、独自の行動をとって身を守るのである。嗚呼《ああ》。悲しい中国人！

軍のサイド・ビジネスも凄まじい

中国共産党第20期中央委員会第3回総会（3中総会）は2024年7月15日から4日間、北京で開催された。直前の中央政治局会議で、李尚福《りしょうふく》前国防相と魏鳳和《ぎほうわ》元国防相の党籍を剝奪する処分を決定した。

両将軍は中国人民解放軍から除名され、それぞれの「上将」階級も取り消しとなった。国防相経験者が一度に2人も処分されるのは異例である。処分理由はいわずとしれた軍の汚職体質、というより軍の上納システムという悪弊にある。

軍の汚職、腐敗は歴史的伝統であり、日清戦争直前に李鴻章《りこうしょう》が最新鋭軍艦を視察し武器庫を点検したところ、砲弾がなかった。横流しで売り払ったあとだった。人民解放軍となっても部署の権限で巨額の賄賂が流れ、また装備部などでは軍服やら長靴や装備末端にいたるまで業者から賄賂をとる。糧食も同じで業者から賄賂、当然起こる数量の誤魔化し、手抜き、質の低下であり、これらが中国製武器の劣悪さに直結する。

少尉から中尉に出世するには前任者への『上納金』が必要とされ、たとえば上将への上納金は1億円が相場といわれる。中国軍に闇のシステムが存在し、習近平がいかに綱紀粛正を呼びかけたところで、この体質は治らない。失脚した2人は「見せしめ」でしかない。だから軍のモラルの弛緩は続く。

2024年9月に武漢の造船所で中国海軍の原潜が沈没した事故が起きた。中国は情報を隠蔽しているため詳細は不明だが、目をそらすためにICBM「東風31」を実験し南太平洋の海域に着弾させた。ウォールストリートジャーナルが報じたところでは、24年5月7日と27日の偵察衛星で武漢造船所に原潜らしき船が映っていた。ところが5月29日にその現場はサルベージ船、クレーン船が数隻となっていた。どう考えても沈没ではないかとする報道だった。

腐敗とモラルの弛緩は米国も同様である。

バイデン一家と中国との巨額マネーをめぐる一連の闇は、さらりと葬られて、もちろん中国では報道されない。

米国人の大半はこの問題の深刻度、危険度に無頓着である。

2024年1月19日、米連邦議会下院は共和党主導の三つの委員会が合同で「バイデン大統領弾劾報告書」（291ページ）を公表した。外国からの不正な献金など詳細を調べ上げたものだったが、バイデンが立候補を取りやめたため本会議での決議は見送られた。しかしトランプ陣営が比喩《ひゆ》したように「バイデンは犯罪者」である。

米国国民の多くがバイデン一家の犯罪の詳細を知りたがった。一家の犯罪をまとめたミランダ女史は豪州のジャーナリストでラジオ番組などを持っていたが、NYCに移住し、ニューヨークポストのコラムニストを務める。同紙は知る人ぞ知る、すっぱ抜きと左翼紙が報じない民主党スキャンダルを堂々と報じる。

次男のハンターを筆頭に、バイデン一家の前代未聞の醜聞、それをニューヨークポストが勇気を出して決断し報道を開始するや否や、左翼メディア、FBI、ホワイトハウスは束になって「ロシアの陰謀、偽情報工作だ」と問題をきれいにすり替えた。そればかりか、真相をあばいたニューヨークポストに対してフェイスブックとツイッター（現X）はアクセスを遮断した。これは中国共産党だってビックリの言論封殺。いやはや米国は全体主義に転落していたのだ。

言論弾圧は、その後も不正選挙に関する記事や分析を遮断し、ワクチンへの疑惑への言及にも目を光らせ、国民は知る権利を喪《うしな》った。

左翼メディアの言っていることが正しいと信じる、ものごとを深く考えない人たちは、素朴にカマラ・ハリスに期待し、トランプへ危険きわまりなく、暗殺されてしまえと短絡的な意見を抱く。情報操作の悪魔が米国を支配し、米国情報の複写機でしかない日本のメディアは鸚鵡返《おうむがえ》しに、いささかの検証もしないで偽情報を垂れ流したのだ。

真実を知りたい、米国政治の高層部はホワイトハウスの権力を超える、目に見えない〝闇の権力機構〟が存在しているのか？

さきの報告書はバイデンは副大統領時代の海外での商取引を通じて自身と家族の富を蓄えるため、利益誘導計画で利益を得た詳細を調べ上げた。下院司法委員会のジム・ジョーダン委員長は、調査により「バイデン一家と関係者の私的な経済的利益のために公職を乱用した」ことが決定的に示されたと述べた。

「バイデン大統領の〝功績〟は、公職の乱用、汚職、妨害行為で特徴づけられる。我々の弾劾調査で得られた証拠は、下院がこれまで調査した現職大統領の弾劾の根拠としてもっとも強力なものだ」と下院監視・説明責任委員会のジェームズ・コマー委員長は述べた。

当該報告書はバイデン一家とその関係者がロシア、中国、その他の国のパートナーや顧客から約2700万ドルのビジネス上の支払いを受けたと主張している。彼らはハンター・バイデンの支援者であるハリウッドの弁護士ケビン・モリスからの融資を含む800万ドルの追加融資を主張し、〝芸術作品〟の購入についても疑問を呈した。報告書は、「バイデン大統領は、公職の信頼を利用して家族を豊かにする陰謀に加担した」と結論づけた。

王岐山の汚職撲滅キャンペーンは江沢民派の一網打尽、その資金源を奪う権力闘争というのが本質だったことは見た。その過程で、中国からハンター・バイデンならびにバイデン一家のマネースキャンダルが飛びだしたのは皮肉である。

戴相龍《たいそうりゅう》の女婿、車峰《しゃほう》。習近平の実姉の夫は鄧家貴《とうかき》。米国へ亡命した郭文貴《かくぶんき》はマッハンタンのペントハウスに陣取って中国共産党最高指導部のスキャンダルを次々と暴露した。習近平が初めてトランプと会見した「2017年のマール・ア・ラーゴでのディナーの際に習近平からトランプへの最初の要望は郭を引き渡すことだった。」（ミランダ・デヴァイン著、藤井幹久訳『地獄からのラップトップ』、幸福の科学出版）

ハンター・バイデンのラップトップは、こうした機密が満載、見るのも憚《はばか》るような写真もあった。故障したと近くのパソコン修理屋のアイザックのところへハンターは3台のパソコンを持ち込んで、そのまま忘れてしまった。何度も督促電話をかけたが、連絡がとれず保管期間を過ぎても取りに来ないため、所有権はアイザックに移管した。中身を開けて、その内容に驚くのである。アイザックはジュリアーノの顧問弁護士に打診し、情報の真贋の検証が行われ、スティーブ・バノンも絡んで、結局はニューヨークポストに持ち込まれた。FBIがやってきて〝証拠物件〟としてアイザックの手元からラップトップを押収していった。アイザックは念のためコピーをつくり保管していた。FBIは「ロシアの情報工作だ」と言い張った。このように権力の手先になったFBIをトランプがなぜ敵視するか、よく分かる逸話だろう。

ニューヨークポストのすっぱ抜きにフェイスブックとツイッターはアクセス遮断という暴挙に出た。真実が国民に伝わることをおそれ、トランプのアカウントを永久凍結した。この全体主義の台頭に敢然と立ちむかったのがイーロン・マスクだった。マスクはツイッターを買収し、左翼社員をばっさりと解雇し、Xと社名を換えて情報戦争の砦を築いた。

またFOXを解雇されたタッカー・カールソンが独自の局を立ち上げた。

バイデンがTikTok禁止の挙に出るや、トランプは「そんなことをしたらフェイスブックを肥らせるだけだ」と反対の声を上げた。中国に情報が漏れる？ 自ら漏らしている人たちがいまさら何を言い出すのかというわけだ。そして土壇場の火事場泥棒よろしく、このハンター・バイデンに恩赦を与えた。トランプは25年3月13日、これらの恩赦をすべて取り消すとした。

中国犯罪集団、フェンタニル拠点を南太平洋島嶼国家へ移転した

麻薬密売が太平洋島嶼国《とうしょこく》を悩ませはじめた。メキシコを拠点としていた中国ギャング団のフェンタニル密密造工場が手入れされ、テキサス州などが国境警備を強化し、密売人を摘発しフェンタニルを大量に押収したためルートの変更を迫られたからだ。

テキサスの州兵は不法移民4・4万人を逮捕し、フェンタニル致死量4億回分を押収した。そこで中国のギャング団、密輸組織が次に密輸拠点として狙ったのが南太平洋の島嶼国家、とりわけバヌアツ、パプア・ニューギニア、フィジー、トンガなどである。

カート・キャンベル国務副長官（当時）は2024年8月下旬にこれらの国々を訪問し、バヌアツで記者会見した。その席で「米国は太平洋島嶼国の麻薬撲滅活動を支援する決意であり、具体的な関連法執行措置を発表する。中国や東南アジアの一部の（犯罪）ネットワークが太平洋島嶼国を中南米や米国への麻薬密輸の中継地点として利用しているからだ」と語った。キャンベル副長官は、トンガの首都ヌクアロファで開催された「太平洋諸島フォーラム」（ＰＩＦ）に出席していた。オーストラリアが警察訓練の改善と機動警察

の創設を支援するために4億豪ドルを投資することが発表された。

キャンベルは、その足で中国の進出めざましいバヌアツを訪問した。バヌアツは目抜き通り商店街の大半が中国人経営、大統領官邸は中国が建造し寄付した。バヌアツ市内には中国語しか通じないホテルやレストランが多い。これだけ力を入れるのも近年、バヌアツへの不動産投資をなす中国人にバヌアツパスポートが支給されるからである。バヌアツのパスポートは中国パスポートでは制限を受けビザが必要な国々へすらりと入国できる抜け穴がある。

米国ではフェンタニルの過剰摂取による死亡が毎年7万人と報告され、フィジーとトンガでもフェンタニルの密輸摘発事件が発覚した。

中国は近年、南太平洋の島嶼国との関係を強化しており、「一帯一路」プロジェクトを推進、現地のインフラ建設に協力してきた。労働者を派遣し、銀行融資をつけて南太平洋島嶼国家に異様なアプローチを重ねてきた。フィジーのチャイナタウンでは華字紙も発行されており、サウス・パシフィック大学には孔子学院もある。

パプア・ニューギニアやソロモン諸島には警察・治安協力も強化している。とくにソロモン諸島は反中国暴動が起こったため中国政府と秘密安全保障協定を締結した。また中国は港湾近代化とうそぶいているが、実際にはソロモンに軍港を建設していると米豪が警戒を強めてきた。

中国人を含む不法移民はメキシコ国境ばかりではない。2024年10月2日、メキシコでは史上初の女性大統領が誕生した。メキシコシティ市長だったクラウディア・シェインバウム新大統領はロペス前大統領の側近だった。2007年にはゴア米副大統領（当時）と並んで地球温暖化対策でノーベル平和賞も受賞している。その彼女が米国へ流れ込む移民対策を本格化させると約束し、実際に軍を国境に派遣した。

穴場は北から、すなわちカナダからも流れ込んでいることだ。

バイデン政権の4年間、歴史上前例のない移民の急増があった。2023年、米国税関・国境警備局はカナダから米国へ渡航しようとしていた19万人の〝難民〟を目撃した。北の国境沿いの不法越境はモントリオールとトロントに近いニューヨーク北部に流入する。米国とカナダの国境は5525マイル（約8891キロ）。監視する国境警備隊員は少ない。そのうえ移民に擬装したギャング団が武器を持ち込んだ。

アリゾナ州ではロケット推進式手りゅう弾と爆発物が発見された。メキシコで少なくとも4個のロケット推進擲弾《てきだん》（RPG）と8個の即席爆発装置が発見された。加えて〝移民〟に擬装したテロリストが米国に紛れ込んでいた。

第九章

中国大富豪とは成金、そのあざとさ

一代限り、刹那主義、ブームに便乗するハイエナ商法

中国の農家で秋の収穫に期待し種子をまいたが、何も実らなかった。種子が贋物だった。絶望した農夫は農薬を飲んで自殺を図ったが死ねなかった。農薬が贋物だった。蘇生を喜び家族で酒を飲んだら全員が死んだ。酒が贋物だった。

これはブラックジョークではない。本当にあった話（拙著、黄文雄との対談集『世界が仰天する中国人の野蛮』徳間書店）。

中国人の多くにオリジナルはないが、米国のビジネスモデルをいち早く取り入れる才能は卓越している。他人のアイディアを盗む技術には長《た》けていて、ハッカー軍団など、その象徴的な例証になる。

知的所有権侵害なんぞ、なんのその。後先を考えないで本能的に突っ走る。詐術のような雄弁を労して起業資金を集める。ファンドへの出資説得の雄弁、ビッグピクチャーの迅速な描き方も米のMBAの猿真似である。つまり強欲資本主義の虜《とりこ》となって株式上場による創業者利益という錬金術に長けている。このポイントが日本的経営と根本的に異なる。

チャイニーズ・ビリオネア・エレジーは繰り返される。

大学を出たが、就職できた学生は半分ていど、まじめな若者なら氷河期を耐えるために日雇いアルバイト、食事宅配などで糊口《ここう》をしのぐ。裕福な家庭では大学院進学、あるいは海外留学の道を選ぶ。モラトリアムを求める若者が、あの中国に出現したことのほうがショックである。中国史をヒモ解いても、そんな時代はなかった。

職にあぶれた学生は詐欺に走るか、逆に詐欺に引っかかる。中国人なら詐欺には絶対に引っかからないというのが従来の相場だが、経済成長期間に甘やかされて育った「一人っ子」は、世の中には熾烈《しれつ》な生存競争で成り立っている現実を認識できず、伝統的な中国人の価値や生き延びる術を身につけていない。日本の若者よりもふにゃふにゃが多い。

とくに詐欺では「存在しない仕事の募集」、「虚偽広告」、「融資の罠」、「有名人のなりすまし」が、世間知らずの若者を標的としている。タイに誘われて着いた途端に誘拐されたタレントの王星がミャンマー国境で「オレオレ詐欺」の電話のかけ方を強制されていたニュース（2025年1月10日）は世界にも報じられたが、タイで行方不明となる中国人が数千名に及ぶ。逆にタイ女性およそ100名が高給条件につられて中国へ行くと、パスポートを取り上げられ強要された仕事は代理出産だった。

2023年の1月から10月までに電話やインターネット詐欺で起訴された18歳未満が前

年比68%増加していた。オレオレ詐欺もネット上の詐欺も、ゲームに強い若者たちが次々と新しい手法を生み出している。カード詐欺と偽造、日本人のなりすまし、不景気になると経済犯罪がどの国でも増えるが、中国の場合、新手口の発明、その技術のイノベーションにかけてたいそうズル賢い。

『中国統計年鑑（2022）』によると　中国の15歳以上の独身者はおよそ2億3900万人。加えて若者の結婚・出産年齢が晩婚化、中国の初婚平均年齢は28歳である。10年前は25歳だった。結婚して子供を増やすという人生観を持たず、したがって結婚への焦りはない。まして幸せな家庭を築き、子供を育てるのが人生における必須の選択であると認識していないから結婚しなければならないという強迫観念がない。

北京大学の李建新《りけんしん》（社会学部教授）は「早く結婚して子供を産み、子供が多いほど幸せという、先祖代々受け継がれてきた伝統的な結婚・出産観は過去のもの。個人主義時代における結婚・出産観が家族主義に取って代わりつつある」と指摘している。

2022年の婚姻件数は前年より80万組減少し、24年上半期に結婚したカップルはわずか343万組だった。この数字は統計を取り始めた1986年以降で最少である。2013年の1346万9000組の結婚が史上最低と言われたから半減である。そのうえ晩婚化、あるいは結婚しない若者が急増し、出生率は劇的に低下した。他方、離婚の激増と高齢化は顕著に進んだ。「おひとり様人生」は日本と同様か、あるいは日本より深刻である。

中国の未来に絶望した中国人は移民によって日本に住み着こうとしている。

中国の「静かなる日本侵略」の現場に飛んで、積極的な取材を重ねたルポは佐々木類『移民侵略　死に急ぐ日本』（ハート出版）だ。中国の静かなる日本侵略の実態をえぐった問題作だ。

日本支配を狙う中国共産党の尖兵《せんぺい》が在日中国人、あるいはすでに帰化した中国人工作員。その数、帰化人をのぞき76万人！（最近は84万人という数字がある）。すでに日本列島のあちこちに「中国人居住区」がある。もちろん、全員がスパイではない。少数だが日本に溶け込もうと汗を流す真摯《しんし》な中国人もいることはいる。

沖縄の離島を購入した中国人女性がいた。国家の研究機関に巣くう学術スパイがいる。日本国内に中国公安の闇派出所がある。栃木県小山市には「中国農場」があり、横浜中華街には中国人経営の激安八百屋、埼玉県川口にチャイナ団地、列挙すればキリがないが、いまどうなっているか。スパイ中国人らはいま、いかなる工作を展開しているのか。

この問題は日本政府が推進してきた移民政策の間違い、外国人土地所有法改正、改正入管法の欠陥を浮き彫りにした。

それにしても中国の資本、土地買収、爆買いを歓迎した日本人、中国からの移民を促進する日本政府は頭がおかしくないのか？　相手は「共産党の意向がすべてに優先する国家レベルの反社会勢力」なのである。

賃金が安いからと深く考えることもなく中国と合弁を組んだら当てが外れ、撤退しようにも税金だとか、労働条件とかの難癖をつけられ、「官僚主義的な小役人に窓口レベルで小突き回され、賄賂を要求された挙げ句に『身ぐるみ脱いで全部置いていけ』となる」と佐々木類麗澤大学教授が指摘する。

グローバリズムをあおり、国家利益は顧みないメディアと、それを真に受けた軽佻浮薄《けいちょうふはく》の政治家は、なんと中国企業系列の会社にパーティ券を買ってもらっていた。チャイナの買弁政治家が目立つのはこうしたカラクリがあった。外国人の土地所有規制は、大正時代に制定された「外国人土地法」の活用で切り抜けられた。しかし「仏作って魂入れず」。実効性を高める政令を制定せずに戦後のドサクサで廃止された。

ところが戦後日本に残存していた規制法がある。昭和24（1949）年に制定された「外国人の財産取得に関する政令51号」を活用すれば、外国資本による財産取得を制限できた。しかし日本政府は放置した。

当該財産とは「土地、建物、工場、事業所、財産の賃借権、使用貸借に基づく借り主の権利、地上権、著作権」だった。国会で審議されないまま昭和54（1979）年に廃止された。

日本にも不法移民がイナゴの大群のように

移民については欧米の悲鳴を聞いた方が良いだろう。

２０２４年10月３日、米国移民関税執行局（ＩＣＥ）は拘留中の不法移民の身元調査の中間報告を発表した。不法移民に含まれていた外国人犯罪者のデータは衝撃的だった。

２０２４年７月時点で43万５７１９人の有罪判決を受けた犯罪者と、母国で刑事訴訟が係属中の22万６８４７人を米国に入国させていた。このうち１万３０９９人が殺人罪で有罪判決を受けていた。９４６１人が性犯罪（暴行や商業的性行為は含まない）で有罪判決を受け、２６５９人が起訴中だった。有罪判決には暴行（６万２２３１人）、強盗（１万31人）、性的暴行（１万５８１１人）、武器犯罪（１万３４２３人）、危険薬物（５万６５３３人）などの他の犯罪も含まれる。

ところがバイデン前政権は実際ほど悪く見せないようにデータを改竄《かいざん》していた。同年９月中旬、サンディエゴ国境警備隊の元巡回警備主任、アーロン・ヘイトケは、バイデン・ハリス政権がテロとのつながりがあると特定された不法国境越境者の逮捕を公表しないよう命じたと証言した。米国国民は殺人犯、強姦犯、麻薬の売人、窃盗犯がこれ以上入国するのを防ぐことを期待し、トランプに票を入れた。

人道的見地から無制限に受け入れた結果、ドイツではゲルマン精神は破却され、婦女子が強姦されてもメディアは報道しない。フランスはフランス語の国ではなくなろうとしており、米国は犯罪が急増し、治安が極度に悪化した。移民反対が多数派の声となった。

筆者がはじめてパリへ行ったのは半世紀以上も前だが、英語が通じたのはホテルとか観光拠点くらいで、ほとんどのフランス人はこちらの英語は分かってもフランス語で答えた。いまやEU主要国である独仏伊3カ国の人々は流暢な英語をしゃべるうえ、伝統の中核が自国語であり国語を尊重することが民族のアイデンティティだという認識が希薄となった。だから移民にあふれ、国柄が急変していることを危機とは認識しなかった。そのうえキリスト教圏にイスラム教の信徒がごっそりと入ってきたから、衝突が起きるのは時間の問題だったのだ。

移民促進派がリベラル、人道主義でありグローバリストと呼ばれ、なんだか進歩的なイメージが強かった。移民に反対もしくは規制強化を唱えると、排外主義、レイシスト（人種差別主義者）と批判されてきた。脳幹が左翼ウイルスに侵された結果である。

このまま日本は自死するのか、目覚めるのか。そろそろトランプのように、あるいはハンガリーのオルバンやフランスのルペンのように、「移民を追い返せ」と主張する政治家がでてきてもよいのではないか。

すでに納税や保険でも問題が起きている。

外国人の住民税や国民健康保険料の滞納率は日本人の4倍である。2024年8月19日に発表された政府の内部資料によれば、ある自治体では令和5年の調査で外国人世帯の28%が滞納していた。別の自治体では国民健康保険料を日本人は96%が納めた。外国人全体で83%が納入していなかった。

日本の諸制度を徹底的に活用しているのが外国人、とくに悪知恵の働く中国人である。

「500万円あげるから、移民は帰って」

2024年9月23日、スウェーデン政府は「自主帰国を決めた移民に対し、1人当たり最大で500万円を給付する」と発表した。カネで移民の出国を促す。北欧は移民に寛容すぎ、麻薬、重犯罪から性犯罪の凶悪化などの社会問題を引き起こしてきた。旧ユーゴスラビアのほか、シリアやソマリアなどの紛争地から人道主義の名の下に難民を受け入れてきた。その結果、1000万人の全人口のうち、移民やその家族がおよそ2割を占めるようになった。日本も、いまのようなユルフン政策を続けていれば必ずそうなる。

犯罪の凶悪化が最大の問題だ。強姦は日本の6・3倍。銃による殺傷事件の発生率も難民が原因で、マフィアの蔓延《はびこ》るイタリアを抜いた。欧州最悪レベルといわれ、北アフリカからの移民二世を中心メンバーとしたギャング団による麻薬や銃の密輸も横行した。

2024年9月3日、香港政府は既存の「香港海防博物館」をシレっと「香港抗戦海防博物館」に改称し、「抗日戦争」の歴史展示に切り替えた。歴史の改竄が香港でも進んだ。醜悪な事態である。香港の言論の自由は殺された。

中国共産党は「反日」を武器に、国民に愛国主義の洗脳装置の増設を急いだ。理由は至極簡単明瞭。経済的窮地から国民の不満をすり替え、「つねに中国共産党が正しい。日本軍国主義を壊滅したのは中国共産党だ」とする嘘宣伝を拡大することにある。ヒトラーはウソを100回言えば真実になると豪語したらしいが、中国では3回でよいわけだ。「香港抗戦海防博物館」なる博物館は香港の砲台跡にあった旧施設の改造で、旧日本軍が1941年に香港を占領した歴史を意図的に強調して日本をワルにすり替え、香港市民に反日感情を植え付ける目的がある。香港にも中国共産党に同調する活動家が存在する。

この半世紀を振り返ると、鄧小平がすすめた「改革開放」直後の中国では日本を渇仰する雰囲気があった。半世紀前、鎖国を徐々に解除し始めた中国を見ようと、香港からの日帰り外人ツアーに紛れ込んで深圳から広州へ行った。街は暗く道路は自転車の洪水、身なりはみすぼらしかった。しかし目が輝いていた。当方が身につけているシャツや時計、靴をじろじろと見た。物質へ渇仰があった。某国人のようにかっぱらおうとか強奪したい目ではなかった。広州のホテルのバーでウィスキーを一杯引っかけていると、バーテンダーが訊いてきた。「あんたの職業何か?」

「自由業だ」「自由業って何だ。どの単位だ?」「日本に単位なんぞない。職業は自分で選ぶ」「えっ。単位がないのか」と驚いた表情だった。職業選択の自由はなかった時代の中国では党が決めた職業配分制度が存在していた。

街では日本映画がヒットをつづけ、高倉健の「君よ憤怒の河を渉れ」が馬鹿受けしていた。日本は貧困を救い、庶民に娯楽を愉しんでもらおうと大量のテレビを寄付した。自動車の寄付をはじめとした、善意の中国救済をおこなった。やがて日本製品を持つことがステータスシンボルとなり、テレビシリーズ「おしん」に感動の渦が拡がった。中華思想から見れば忌々《いまいま》しい時代だが、日本を抜きに中国の経済的離陸はあり得なかった。

『反日』は『反共産党』に転化しやすい

暗転は1989年6月4日からだ。自由と民主を求めた学生たちを中国共産党は戦車と鉄砲で虐殺した。

西側から厳しい制裁を受け国際的孤立に陥った中国は苦境から脱し、国民のガス抜きをはかるために突如、大々的な反日教育を始めた。

天安門事件の虐殺の事実を消し去り（いまの中国の若者は、この事件をまったく知らない）、ありもしなかった「南京大虐殺」という蔣介石と米国の合作フェイクを思い出して悪質な政治キャンペーンを開始した。江沢民総書記（当時）は中国全土の歴史記念館を「反日記念館」に改修し、その数はじつに226カ所（正確を期すと「愛国教育基地」が226カ所。このうちの206カ所が反日記念館となった）。御三家は北京の「中国人民抗日戦争紀念館」、瀋陽の「九・一八歴史博物館」、南京の「南京大虐殺紀念館」である。

日本が遺憾の意を表すと、傲然《ごうぜん》と「中国は反日教育などしていない」と反論し、これらは「愛国教育基地」と呼び変えて小学生から遠足に行かされる。警察や軍人は強制的な観覧日が設定されている。

記念館に共通するのは偽造文書「田中上奏文」から始まり、全編これ出鱈目《でたらめ》な共産党解釈の歴史である。また、中国の正史はすべて嘘だから政治文書の延長、展示の基本は北京の軍事博物館の展示がモデルである。中国各地で、筆者は数十の反日記念館を取材したことがある。写真パネルは画一的で貧弱。そもそも見学者がほとんどいない。

「愛国無罪」と聞けば若者はエネルギー発散の場所を求めて反日行動に参加し日本大使館

に生卵を投げ、日本レストランを襲撃し、憂さ晴らしをした。反米行動は禁止されているし反英暴動も60年代に香港であったきりだ。中国は軍事大国には手を出さないが、日本は反撃しないから、遣りやすいのだ。だから英米のメディアはからかった。「中国の反日は娯楽である」と。

反日行動とて、あるレベルに達すると中国共産党は中止を命じる。というのも、この勢いを放置すれば反日から反共産党運動へと発展しかねないからである。あくまでも大衆の不満のガス抜きが目的で、政治キャンペーンの組織化に過ぎないからだ。しかし中国の誤算は、繰り返された反日行動によって、すっかり日本人が中国への感情をこじらせ反中感情が国民に染み渡ったことだろう。かつてブームだった日本からの中国旅行は壊滅状態となり、日本に押し寄せる中国人観光客のマナーの悪さにあきれ果てた。

日中友好が戯言《ざれごと》に過ぎないことも日本人の8割以上が認識するところである。だが経済が行き詰まり民衆の中国共産党への不満は爆発寸前となった。大規模な反日行動を組織化する予兆があると筆者は一貫して警告してきたが、ついに日本人学校へ通う児童が中国の反日家によって殺害されるという凶事が発生した。

そのときまでにも靖国神社大鳥居への落書きが2回、蘇州では日本人を狙った殺傷事件(止めに入った中国人女性が殺害された)、アステラス製薬の社員を不当拘束、ＮＨＫの放送で中国人職員の反日発言。福島の綺麗な水産物を「汚染水」と決めつけ、中国人の心理の奥深いところにひそむ劣根性に火をつけた（中国語に根性という語彙《ごい》はない）。

経済はますます貧困化し、国民は生活にあえぐ。この不満の爆発をすりかえるために中国共産党はまだまだ反日をあおるだろう。

いずれもっと大規模で凶暴な反日暴動に発展する懼れが高い。情報を操作され、洗脳された中国の民衆の悲哀である。

エピローグ　なぜ中国人はトランプが好きなのか？

仏像にもトランプ像が出現した

米国に取材へ行くと、筆者は多くの人に同じ質問をした。

「米国では大統領と大富豪とでは、どちらが尊敬されていますか？」

回答の平均はいささか驚きだったが、平均してこう言うのだ。

「大富豪が大統領を動かしている。大富豪に尊敬があつまる」

それなら両方を兼ねるトランプはもっと国民から尊敬されてもよいように思うが、いまの米国は政治イデオロギーが強すぎて、一昔前の人物評価は基準とはならない。

日本で柳井正や孫正義が天皇陛下より崇敬をあつめるか？　富豪でも国家に貢献した松下幸之助、出光佐三、稲盛和夫らはそれなりに尊敬されている。しかし「靖国神社へ参拝するな、われわれの商売に差しつかえる」等とぬけぬけと放言したユニクロの柳井正は軽蔑されこそすれ、尊敬されることはあり得ないだろう。ところが、この柳井が日本の富豪ランキングのトップである。

中国ではトランプは単純明快に尊敬されている。2016年の大統領選挙のおりにも筆者は取材でNYに行ったが、お土産のトップはトランプ人形だった。ヒラリーの人形はほとんど売れておらず、下請け工場が中国だったから、飛ぶように売れるトランプ人形の人気を見て、中国は早くからトランプ当選を予想していた。

再選直後から中国でにわかに売れ出したのが仏像を模したトランプの石像なのである。1体が2万円から40万円、米国でもTemuを通じての通信販売で買える。船賃50ドルが加算される。やっぱり中国人の発想って、日本人とは異なる。そういえば毛沢東の布袋《ほてい》さん人形も売っていて、筆者がひやかしに入った土産物屋で等身大のものが10万円だった。

ブルームバーグ恒例の「世界大富豪ランキング500」によると、上位500人の純資産総額は史上初めての10兆ドルを超えた。この金額はドイツ、日本、オーストラリアのGDPを合わせた額とほぼ同じである。

「世界大富豪ランキング500」のトップは「フォーチュン500」と同様にイーロン・マスクである。いま、トランプ大統領と並んで大活躍の男だ。

以下、マーク・ザッカーバーグ、オラクル創業者のラリー・エリソン、アマゾンのジェフ・ベゾス、デル・テクノロジーズのマイケル・デル、グーグル共同創業者のラリー・ペイジとセルゲイ・ブリンも名を連ねた。常連のウォーレン・バフェットと、高級ブランドＬＶＭＨの創設者ベルナール・アルノーが入った。新顔はエヌビディアのジェンスン・ファンだった。

またテクノロジー企業のＧＡＦＡＭ（グーグル、アマゾン、フェイスブック、アップル、マイクロソフトの5社）にテスラとエヌビディアを含めた「マグニフィシェント・セブン」だけで株価増加インデックスの半分以上を占めた。就中、エヌビディアのジェンスン・ファンは株価がほぼ3倍となり、資産が７６０億ドル増加し、資産増加率ではトップとなった。

さて世界大富豪５００のなかに中国人大富豪は何人いるかと言えば、55人、じつに11％である。農夫山泉、ワハハ、テンセント、アリババ、ＰＤＤ（Ｔｅｍｕの親会社）などが入っている。

かつての評価基準は土地の評価額が大きく、世界一に西武の堤義明がランクされたこともあった。現代は株式の時価が基礎データとなっているから、株価が下落すれば、あっというまに番外へ落ちる。その典型が本書でしばしば述べてきた中国人富豪の興亡劇である。

中国のビリオネアには四つの類型

大富豪という意味では「農夫山泉」(中国ミネラルウォーターでワハハに次ぐ第2位)のCEO鍾睒睒は「中国のイーロン・マスク」である。

その彼が愛国心から私財を投じて社会に貢献する決意を固めた。水屋風情がなにを言うかなどと批判の向きもあるが、水がなければ人間は生きていけない。

中国の金持ちには四種あって、第一は海外へ財産ごと逃げるグループだ。第二が政治活動に打って出て共産党に睨《にら》まれるか、投獄されるか会社を乗っ取られるタイプで、この分野にはアリババの馬雲や、リンゴ日報創設者の黎智英(ジミー・ライ)がいる。

三番目が杜子春の二の舞、この世は一度だけだから、儲けたカネを散財し贅沢の限りを尽くす刹那主義、最後は破産か、不審死、あるいは無期懲役。遠華事件の主役はカナダで11年を暮らしたが中国へ強制送還され無期懲役。郭文貴は米国で裁判、徐明は監獄で急死……。

そして四番目が社会のために貢献する真摯な姿勢を堅持しながらも共産党とは微妙な距離を保つ。ならばファーウェイやテンセントはどのタイプかと言えば、これらは事実上の

「党営企業」である。

2025年1月、「農夫山泉」の創立者でもある鍾睒睒は年次総会で野心的な演説をおこなった。国際的ニュースとなったのは「金持ち大学」（銭塘《せんとう》大学）を創設し、向こう10年間で55億ドルの私財を投じるとしたことだ。大学教育へ新風を送り込む壮大なビジョンである。社会還元と国家への貢献が、その任務であると認識していた。

鍾はインターネットのプラットフォームによる安値合戦に深い不満を表明し、まっとうとは言えない販売戦術が製品の品質を損ない、経済成長を阻害していると強調した。低コスト競争から価値主導のイノベーションへの移行を求め、持続可能な開発は高品質の製品と堅実な技術進歩にかかっていると、鍾はその経験からくる信念を吐露した。まさに正論だが、中国でこのようなまともな経営哲学を語る富豪はごく少数である。

TemuやSheinなど最低価格による乱売は欧米で制裁対象という政治的波紋を呼び起こした。

「中国の長期的な経済安定と革新能力を危険にさらす。破壊的な価格競争に従事するのではなく、より高い価値と品質に向かうべきだ」と鍾は主張した。企業に価格設定モデルを再考するよう警鐘を鳴らしたのである。

新設する銭塘大学は、伝統的な教育モデルから脱却し、基礎研究と技術革新に重点を置く予定という。鍾睒睒は学術的知識と実用化のギャップを埋め、画期的なアイディアが花開く環境を育むという決意を強調した。基礎科学とハイテクに重点を置き、中国の高等教育の状況を一変させる目標を掲げた。この大学を現代世界の進化する需要に対応できる一流の人材を育成する拠点にしたいと抱負《ほうふ》を語った。

彼は「ＡＩを活用して伝統的な産業を強化すれば中国は効率性と創造性の面で大きな進歩を達成できる。中国を技術革新における世界的リーダーとして位置づけることを目指す」という。

習近平の国家政策と新設する大学の目標は一致している。製造大国からイノベーション主導型経済へと移行する原動力となる可能性を秘めていることは確かだろう。

あの中国に、中国人らしくない、新しいタイプの富豪が出現した。

＜著者略歴＞

宮崎正弘（みやざき・まさひろ）

1946年生まれ。石川県出身。早稲田大学中退。「日本学生新聞」編集長、雑誌「浪曼」企画室長を経て、貿易会社を経営。1983年、『もうひとつの資源戦争』（講談社）で論壇へ。30年以上に亘る緻密な取材で、日本を代表する中国ウォッチャーであり、海外からも注目されている。『中国分裂 七つの理由』（阪急コミュニケーションズ）、『人民元がドルを駆逐する』（ベストセラーズ）、『中国財閥の正体』（扶桑社）、『本当は中国で何が起きているのか』（徳間書店）、『二度天皇になった女性 孝謙・称徳女帝の光と影』（ワック）、『2025年トランプ劇場2.0！世界は大激変』（ビジネス社）、『ステルスドラゴンの正体』（ワニブックス）など著書多数。数冊は中国語にも訳された。また作家として『拉致』『謀略投機』（共に徳間書店）などの国際ミステリーも執筆。

中国大富豪残酷物語

2025年5月11日　　　第1刷発行

著　者　宮崎 正弘

発行者　唐津 隆

発行所　株式会社ビジネス社

〒162-0805　東京都新宿区矢来町114番地 神楽坂高橋ビル5F
電話　03(5227)1602　FAX　03(5227)1603
https://www.business-sha.co.jp

〈ブックデザイン〉中村聡
〈本文組版〉茂呂田剛（エムアンドケイ）
〈印刷・製本〉中央精版印刷株式会社
〈営業担当〉山口健志
〈編集担当〉本田朋子

ISBN978-4-8284-2726-3